행복한 성경 읽기

행복한
성경 읽기

양병무 지음

21세기북스

신앙이란 단순한 명사가 아니고 동사이다: 듣고, 배우고, 기억하고, 사랑한다.

신앙의 사람이 된다는 것은 하나님의 말씀을 듣고, 예수님을 배우고, 우리를 자녀 삼아주신 하나님을 기억하며, 성령의 도우심으로 사랑할 줄 아는 존재로 변화되는 것이다. 지난 15년 동안 성경을 즐겁게 읽으면서 이 네 가지 동사를 몸으로 체득한 분이 바로 이 책의 저자 양병무 교수이다.

매일 새벽마다 말씀을 읽고 듣는 일은 결코 쉽지 않은 삶의 태도이다. 예수님에 대한 호기심 가득한 질문을 퍼부으며 배우려는 그의 정성이 얼마나 지극한지 느낄 수 있다. 그리고 그 배움을 통해 살아계신 하나님을 끊임없이 기억하며 하나님과 만났던 신앙 경험들을 책으로 엮어내는 열정을 지녔다. 그 일관되고 근본적인 동기가 진리이시고 생명이신 예수님이다.

양병무 교수는 한때 회의주의자였다. 그런데 그가 어떻게 하나님을 사랑하고 성경을 사모하는 사람이 되었는가? 그런 저자이기 때문에 믿음의 기쁨을 누리지 못했던 사람들에게 기쁨의 근원이 어디에 있는지를 알려줄 수 있는 것이다. 그는 보이는 세계에만 집착하며 사는 사람에게 보이지 않는 세계가 존재한다는 것을, 그리고 자기 안에 스스로를 가두고 사는 사람들에게 예수님을 통해 어떻게 자신을 넘어설 수 있는가를 알려주고 싶어 한다.

그래서 성경 이야기 속에서 나와 우리의 모습이 있음을 드러낸다. 나의 두려움도, 기쁨도, 슬픔도, 감사함도 말씀 속에 담겨 있음을 깨닫고 감동한다. 양병무 교수는 단연코 주장한다. '성경 읽는 것이 다른 어떤 책 읽기보다 설레고 나를 놀라게 하는 최고의 즐거움이다'라고!

이 책은 '두려움, 사랑, 기쁨, 기도, 감사'의 주제별 신앙 단상들을 아름다운 정원을 만들 듯이 정성껏 꾸며 놓았다. 정보로서만 존재했던 문학, 역사서로서의 성경을 신앙의 틀 가운데서 한걸음 업그레이드한다. 살아계신 하나님이 우리에게 말을 건네시고, 우리는 그분께 말을 건넨다. 그리고 그분과 함께 대화한다. 여기에 멈추지 않고, 하나님을 사랑하고, 그분의 뜻을 이 땅에서 펼쳐나가려는 사명을 깨닫는다. 양병무 교수는 이 책을 통해 성경 읽기는 억지로 해야 하는 의무가 아니고, 기쁨으로 누려야 하는 우리의 권리임을 자랑한다.

김지철(소망교회 전 담임목사, 미래목회와말씀연구원 이사장)

이 책을 읽으면서 '어쩌면 이럴 수가 있을까?' 하고 놀라고 또 놀랐습니다. 중학교 동창인 저자 양병무 박사는 대학을 졸업한 후에 예수님을 믿기 시작해 복음을 받아들이고 복음으로 변화된 대표적인 사람입니다. 그래서 '어떻게 이런 훌륭한 책 『행복한 성경 읽기』를 쓸 수 있었을까?' 하고 가슴이 두근거렸습니다.

이 책은 그저 재미로 읽고 덮어둘 책이 아닙니다. 처음부터 마지막까지 정독하고 나면 사람이 바뀝니다. 그만큼 엄청난 지혜로 가득한 책입니다. 양병무 박사에게는 신학자도 다루기 힘든, 깊은 영성에서 흘러나오는 은혜의 터치가 있습니다. 책을 읽다 보면 대단한 작가의 책을 마주 하고 있다는 감탄이 나올 정도로 누구에게나 쉽고 편안하게 다가가는 책입니다. 그렇기에 기독교인뿐만 아니라 기독교인이 아닌 지인들에게도 선물하고 싶은 책입니다.

저자 양병무 박사의 지성은 하나님의 빛으로 조명되었다는 것을 확인할 수 있었습니다. 그의 끝없는 에너지, 그의 깊고도 혁신적인 믿음 그리고 한없는 겸손이 그 안에 조합되어 있습니다. 그래서 『행복한 성경 읽기』를 통해 수많은 사람이 변화되기를 기도합니다.

송재식(서림교회 담임목사)

기다리던 양병무 교수의 『행복한 성경 읽기』가 드디어 발간

되었다. 하나님은 양 교수에게 특별한 달란트를 주셨다. 경제학 박사이니 사물을 합리적이고 이지적이며 냉철한 판단력, 분석력을 가지고 관찰하면서도, 이야기를 부드럽고 쉽게 또한 재미있고 감칠맛 나게 풀어가는 특별한 재능과 탁월한 필력을 갖추고 있다. 양 교수는 성실하고 진솔하며 다른 사람의 말을 경청하고 열린 마음을 가진, 겸손하고 온유한 분이다. 나는 양 교수의 이 특별한 재능과 좋은 성품이 그것을 주신 하나님의 영화를 위해 쓰임 받기를 바랐다.

그래서 양 교수가 하나님을 인격적으로 만나는 체험을 하기 원했다. 말씀이 곧 하나님이시니 새벽예배 설교 말씀을 통해 하나님을 만나기를 제안했고, 양 교수는 이를 흔쾌히 받아들였다. 강인한 의지와 실천력으로 매일 소망교회 새벽예배를 온라인으로 참석하며 하나님을 만난 양 교수는 기도와 말씀으로 하루를 열었다. 하나님과 동행하는 기쁨과 감사, 평강을 누리면서 15년을 한결같이 성실하고 근면하게 마음과 정성을 다해 집필을 준비하는 모습을 지켜보며 존경심과 감탄이 절로 나왔다.

우리는 이 책을 통해 전지전능(全知全能)하시고 무소부재(無所不在)하신 하나님만 두려워하고, 인간을 두려워하지 말며, 내 죄를 대속하시기 위해 아드님을 십자가에 못 박으신 하나님의 지극하신 사랑과 이웃 사랑을 살펴볼 수 있다. 그리고 그리스도 예수 안에서 우리를 향하신 하나님의 뜻인 "항상 기뻐하라.

쉬지 말고 기도하라. 범사에 감사하라"는 말씀을 토대로 구성되어 있어 성경을 처음 읽는 사람도 쉽고 재미있고 편하게 읽을 수 있다.

또한 교회는 오래 출석했지만 아직 성경 읽기에 익숙하지 않은 분들에게도 성경이 얼마나 재미있고 감동적이며 행복을 주는 책인지 알려주기 위해 강력하게 추천하고 싶다.

이경숙(숙명여대 13~16대 총장)

목사는 성경으로 설교합니다. 성경에 관한 책이니 이 책도 설교할 것이라고 생각할 수 있는데, 그렇지 않습니다. 양병무 저자는 이 책을 통해 자신의 신앙을 고백하고, 받은 은혜와 배우고 깨달은 것을 잔잔히 나누고 있습니다. 그래서 감동이 크게 밀려옵니다.

저자는 성경을 사랑합니다. "남을 위해 기도하면 사랑이 움직인다"라는 이 책의 장 제목에서 알 수 있듯이 깨달음도 깊습니다. 저자는 설교를 맛있게 먹습니다. 말씀을 지식이 아니라 밥으로 먹습니다. 우리 교회 표어 중 하나가 '교회에서 힘을 받아 세상에서 힘쓰자'인데, 저자가 바로 그렇게 살고 있습니다. 저자는 몸으로 말씀을 살아냅니다. 저자는 경제학 박사입니다. 베스트셀러 작가입니다. 겸손하기 쉽지 않은 여러 가지 조건(?)을 갖췄지만, 저자는 겸손합니다. 그것이 이 책 속에서도 오롯이 묻어납니다.

이 책은 따뜻합니다. 저자가 사랑하는 예수님의 온기와 글을 쓴 저자의 체온이 그대로 느껴집니다. 이 책에는 단 한 줄의 비판도 없습니다. 비판하지 말라는 하나님의 말씀에 저자가 "예"라고 답한 열매입니다. 이 책은 몸으로 쓴 책입니다. "고아로 살지 말고 자녀로 살자"라는 프롤로그 제목은 저자의 삶의 고백입니다. 이 책이 다루고 있는 다섯 가지 주제는 저자의 몸이 하는 고백입니다.

기쁜 마음으로 담임목사가 추천사를 쓸 수 있도록 책을 쓰고 살아준 저자에게 감사드리며, 성경적 가치관을 삶 속에서 어떻게 적용할 수 있을까를 고민하는 그리스도인들에게 이 책을 추천합니다. 또한 기독교나 성경에 대해 관심이 있는 이들에게 기쁨으로 이 책을 추천합니다.

조현삼(서울광염교회(감자탕 교회) 담임목사)

제2장 서로 사랑하라

제3장 항상 기뻐하라

제5장 범사에 감사하라

고아로 살지 말고 자녀로 살자

"성경이 얼마나 재미있는지 몰라요."

"정말인가요?"

"저는 재미가 없거든요."

성경은 재미없다고 생각하는 사람들이 적지 않다. 잠이 안 올 때는 성경을 보라는 농담이 있을 정도다. 나도 마찬가지였다. 성경을 읽었지만 재미있지는 않았고, 때로는 지루하게 느껴지기도 했다. 그랬던 내가 15년 전부터 성경 읽는 즐거움에 빠졌다. 계기는 제17대 대통령직인수위원회 위원장과 숙명여대 총장을 지낸 이경숙 총장님과의 만남이었다. 이 총장님은 인간개발연구원 원장으로 재직하며 다양한 활동을 하던 나에게 진지하게 말씀하셨다.

"원장님은 『감자탕 교회 이야기』와 『주식회사 장성군』 등 좋은 책을 쓰셨잖아요. 하나님께서 글 쓰는 달란트를 주셨는데 그것이 하나님이 원장님과 함께 하신다는 증거입니다. 하나님 말씀을 매일 읽고 묵상하는 게 중요하니 새벽기도회에 다녀보세요. 새벽예배를 드리면 하나님 말씀이 얼마나 소중한지 알게 되고 놀라운 역사가 일어날 겁니다."

이 말씀을 듣고 고민에 잠겼다. 나는 감자탕 교회로 알려진 서울광염교회에 다니는데 새벽예배에 참석하기에는 너무나 멀었다. 이 총장님이 다니시는 소망교회 역시 새벽예배를 다니기에는 멀었다. 더구나 출석하는 교회가 아닌 까닭에 쉬운 일이 아니었다.

그래서 나는 주일에는 서울광염교회에서 조현삼 목사님 설교를 듣고, 주중에는 매일 새벽 소망교회 홈페이지에서 김지철 목사님(현재 은퇴 목사)의 온라인 설교로 새벽예배를 드리기 시작했다. 그렇게 15년 동안 매일 성경 말씀을 듣다 보니 성경 전체가 조금씩 이해되기 시작했고, 성경에 나오는 이야기를 구체적으로 알게 되니 흥미진진해졌다. 성경을 읽고 삶에 적용하는 기쁨이 생겼다. 이제는 성경 말씀이 삶 속에서 살아 움직이는 것을 느낀다.

『행복한 성경 읽기』를 쓰기로 결심한 이유는 두 가지다.

첫째, 교회 다니는 사람들과 성경을 읽는 기쁨을 공유하고 싶다. 사회생활을 하다 보면 성경 말씀이 얼마나 큰 힘이 되는지 모른다. 하나님은 "내 사랑하는 아들아! 딸아! 내가 너를 기뻐하노라"고 말씀하신다. 하나님은 우리를 자녀 삼으시고 아빠,

아버지로 부르도록 특권을 주셨다. 하지만 세상에서는 고아처럼 살아가기 쉽다. 성경 읽기를 통해 하나님의 자녀로 사는 기쁨을 누릴 수 있다. 그 자유와 즐거움을 함께 나누고 싶다.

둘째는 교회 다니지 않는 사람들에게 성경을 알리고 싶다. 안타깝게도 최근 기독교를 비판하는 사람들이 늘고 있다. 물론 교회와 기독교인들의 책임이 크다. 그럴수록 성경의 본질로 돌아가야 한다는 생각이 들었다. 나는 평신도로서 알게 된 성경의 본질을 많은 사람과 공유하고 싶다. 성경은 '사람은 누구이고, 어떻게 살아야 하는가'를 알려주는 인문학 중의 인문학이기 때문이다. 또 하나님의 말씀이 치열하기 그지없는 인간의 삶에 살아 역사하는 이야기이기 때문이다.

방대한 성경을 한 권으로 정리하려니 어려웠다. 그래서 내가 깨달은 성경의 핵심 주제 '두려움, 사랑, 기쁨, 기도, 감사'의 5가지를 중심으로 정리했다.

제1장은 '두려워하지 말라'다. 신앙은 두려움에서 시작되었다. 특히 '코로나19'는 두려움이란 주제를 더욱 실감나게 한다. 하나님은 어떤 상황에서도 두려워하지 말라고 말씀하신다. 제2장은 '서로 사랑하라'다. 예수님은 성경을 하나님 사랑과 이웃 사랑으로 명쾌하게 요약해주셨다. 두 가지 관점에 초점을 맞추었다.

제3장은 '항상 기뻐하라'다. 기독교는 기쁨의 종교다. 기독교

인은 기뻐하고 즐거워하는 마음을 가져야 한다. 제4장은 '쉬지 말고 기도하라'다. 기도는 하나님과 소통하는 것이므로 숨 쉬는 것처럼 중요하다. 제5장은 '범사에 감사하라'다. 기독교는 은혜의 종교다. 하나님이 베풀어주신 은혜에 감사할 내용이 얼마나 많은지 헤아려 본다.

『행복한 성경 읽기』는 10여 년 전에 쓴 『감자탕 교회 이야기』의 연장선상에 있다. 또한 『행복한 논어 읽기』와 『행복한 로마 읽기』에 이은 '행복한 읽기' 시리즈 3번째 책이다. 논어는 동양의 고전으로 인문학을 대표하는 책이고, 천년제국 로마는 우리나라의 리더들에게 많은 시사점을 주는 서양의 고전 텍스트다. 동서양의 대표적 고전에 이어 인류의 고전인 성경 이야기를 나누게 되어 기쁘다.

서울광염교회 조현삼 목사님과 소망교회 김지철 목사님께 감사드린다. 이 책은 조현삼 목사님의 설교와 김지철 목사님의 새벽설교를 바탕으로 출발했다. 좋은 설교를 해주시고 책을 쓰도록 힘이 되어 주신 두 분께 감사드린다. 또한 처음부터 기도와 격려로 응원해주신 이경숙 전 숙명여대 총장님께도 감사를 드린다.

성경의 개념 정리와 내용은 『한눈에 보는 성경』과 『라이프 성경사전』을 참조했다. 그리고 각각의 주제마다 관련 기독교 서적들을 참고하여 구성했다. 특히 성경사전을 영어사전 찾듯

이 찾아보며 공부하는 기쁨이 말할 수 없이 컸다고 고백하고
싶다.

　교회 다니는 사람들이 이 책을 통해 성경을 읽고 싶은 마음이
들고, 성경 읽는 기쁨을 느낄 수 있기를 바란다. 더하여 교회 다
니지 않는 사람들이 기독교의 본질을 이해하는 데 조금이라도
도움이 된다면 더 이상의 기쁨과 영광이 없겠다.

2020년 7월

혜강(惠江) 양병무

제1장
두려워하지 말라

1
나의 주인은
누구인가

"너 자신을 알라."

고대 그리스 철학자 소크라테스가 한 말이다. 인간은 자신을 아는 게 쉽지 않다. 사람의 마음은 자주 변하기 때문이다. 내 마음 나도 모른다는 유행가 가사도 그래서 나왔을 게다. 마음이 일정하지 않는 까닭에 자신을 알기가 어려운 것이다. 자신을 아는 것이 그만큼 중요하다는 뜻이기도 하다.

흔히 성공의 요인으로 돈, 권력, 명예 세 가지를 꼽는다. 이 셋 중에 적어도 하나가 있어야 성공했다고 간주된다. 어떤 것을 중요시하느냐에 따라 행동이 달라진다. 사람의 마음은 자기가 소중히 여기는 곳으로 향한다. 하지만 돈, 권력, 명예에 지나치게 의존하면 그것이 주인이 되어 버린다. 돈만 따라가다 돈을 부리는 주인이 아니라 노예가 되는 경우를 종종 본다. 권력과 명예도 마찬가지다.

미국의 심리학자 제임스 윌리엄스는 "생각이 바뀌면 태도가 바뀌고, 태도가 바뀌면 행동이 바뀌고, 행동이 바뀌면 습관이 바뀌고, 습관이 바뀌면 운명이 바뀐다"라고 했다. 생각은 궁극적으로 운명과 연결된다. 그래서 주인의식이 중요하다. 주인의식이 바로 자기 자신을 나타내기 때문이다.

그러면 나의 주인은 누구일까? 나를 움직이는 원동력은 어디에서 오는가. 사실 살아가면서 내가 주인이라는 생각을 일관되게 갖기가 쉽지 않다. 상황에 따라서 생각이 달라지기 때문이다.

2020년 1월부터 '코로나19 바이러스'가 확산되면서 '코로나 두려움'이 일상 속에 들어왔다. 붐비던 거리는 한산해졌고, 식당에는 사람이 별로 보이지 않는다. 모두가 마스크를 쓰고, 마스크를 쓰지 않으면 이상한 나라에서 온 사람처럼 바라본다. 꼭 필요한 일이 아니면 사람을 만날 수 없고, 학생들의 개학도 연기되었다. 일상의 모든 부분에 코로나 두려움이 자리 잡았다.

어느덧 코로나가 세상을 지배한 듯하다. 전 세계로 확산된 코로나가 많은 생각을 하게 해주었다. 인간이 얼마나 무력하고 연약한 존재인지 그대로 드러났다.

코로나 공포가 "나의 주인은 누구일까?"라는 물음에 대하여 진지하게 생각하도록 만들기도 했다. 두려움이 우리를 사로잡는 경우가 많다. 두려움은 불확실성 때문에 찾아오고 근심, 걱정, 염려, 불안으로 이어진다. 실존주의 철학자 마르틴 하이데거는 "염려하지 않는 인간은 진정한 인간이 아니다"라고 말했다. 두려움에서 시작된 염려와 근심이 인간의 본질이라는 뜻이다. 두려움이 우리를 지배하면 두려움이 주인이 된다.

두려움의 반대말은 무엇일까? 믿음이다. 믿음이 있을 때는 두려움이 없다. 믿음이 흔들리면 두려움이 찾아온다. 믿음의 정도에 따라서 두려움의 크기는 달라진다. 용기란 두려움이 없는 상태가 아니라 두려움에 정면으로 대응하는 능력을 말한다. 신앙인과 비신앙인의 차이는 두려움이 있느냐 없느냐가 아니라 그 두려움을 어떻게 이겨내느냐에 달려 있다.

일상의 철학자로 유명한 소설가 알랭 드 보통은 『불안』에서 "우리의 삶은 불안을 떨쳐내고 새로운 불안을 맞아들이고 또 다시 그것을 떨쳐내는 과정"이라며 불안의 일상화를 주장한다. 두려움과 불안은 하루에도 몇 번씩 시도 때도 없이 찾아오는 불청객인 셈이다. 그는 불안이 생기는 원인을 사랑의 결핍, 속물근성, 기대, 능력주의, 불확실성의 5가지로 제시하면서 철학, 예술, 정치, 기독교, 보헤미아 등을 그 해법으로 제안한다. 기독교를 해법의 하나로 알려준 것이다.

성경은 두려움이 있을 때 하나님을 믿으라고 말한다. 믿음의 근거가 무엇인가. 하나님의 속성이다. 하나님은 전능하신 분이다. 하나님은 모든 것을 할 수 있다는 믿음이 있어야 한다. 전능하신 하나님은 두려움의 짐을 혼자서 지지 말고 하나님께 맡기라고 말씀하신다. "두려워하지 말라. 네가 어디로 가든지 내가 너와 함께 하느니라"고 강조하신다. 성경에는 "두려워하지 말라"는 말이 80회 정도 나온다. 혼자서는 두려움을 이길 수 없지만, 하나님과 함께 할 때 두려움은 더 이상 두려움이 아니다.

두려움이 밀려올 때 하나님을 생각하면 물리칠 수 있다. 하지만 하나님이 먼저 생각나지 않으면 두려움은 눈덩이처럼 커진다. 하나님을 떠올리기 위해서는 말씀을 가까이 해야 한다. 두려움의 처방은 하나님의 말씀에 있다. 인간에게 두려움이 찾아올 때 어떻게 대처했는지 성경 속 주인공들에게서 찾아보자.

2
아는 것과 믿는 것은
어떤 관계일까

"프레임은 세상을 바라보는 마음의 창이다."

『프레임』의 저자 최인철 교수의 말이다. 어떤 프레임을 가지고 세상을 보느냐에 따라 세상은 달라진다. 영국의 사상가 매슈 아널드 교수는 『교양과 무질서』에서 히브리즘과 헬레니즘의 차이를 비교한다. 서양에는 '히브리적 사고'와 '헬라적 사고'의 두 가지 프레임이 있다.

히브리적 사고는 이스라엘 사람들의 사고 체계고, 헬라적 사고는 그리스와 로마 사람들의 사고방식이다. 히브리적 사고는 믿는 것이 아는 것과 함께 간다. 믿으면 알게 되고 알면 더욱 믿게 된다는 믿음의 선순환이다. 반면에 헬라적 사고는 이성이 믿음보다 앞선다. 인간의 입장에서 합리적이지 않으면 믿지 않으려고 한다. 믿는 것은 아는 것과 상반되기도 한다. 성경은 히브리적 사고를 바탕으로 기록된 책이다.

성경을 헬라적 사고로 읽으면 어떻게 될까. 구약성경의 첫 줄 "태초에 하나님이 천지를 창조하시니라"부터 부딪히고 만다. 하나님이 누구인지 따지다 보면 한 걸음도 나갈 수 없다. 성경은 하나님의 전능하심을 전제로 기록되었다. 인간이 주어로 기록된 책들은 이성적으로 판단할 때 거부반응이 거의 없지만, 성경은 하나님이 주어이고 하나님은 전능하시다는 속성을 믿고 읽어야 이해가 된다.

신약성경에 나오는 사도 바울은 히브리적 사고와 헬라적 사고에 능통한 인물이다. 그는 당대의 석학이고 율법학자였다. "십자가에 못 박혀 죽은 예수가 하나님의 아들이고, 사흘 만에 부활했다"라고 주장하는 그리스도인들을 색출하여 탄압했던 지식인이며 유대교의 종교 지도자였다. 그런 그가 예수님을 인격적으로 만나면서 인생이 달라졌다. 예수 박해자에서 전도자로 변신해서 목숨 걸고 핍박하던 예수를 위해 목숨 걸고 전도하는 인물로 평생을 살았다. 그의 삶이 많은 사람을 기독교로 인도했다.

바울은 "하나님의 지혜에 있어서는 이 세상이 자기 지혜로 하나님을 알지 못한다"며 "유대인은 표적을 구하고 헬라인은 지혜를 찾으나, 우리는 십자가에 못 박힌 그리스도를 전하니 유대인에게는 거리끼는 것이요, 이방인에게는 미련한 것"이라고 말했다. 히브리적 사고와 헬라적 사고에 대해 2,000년 전에 설파한 내용이다.

중동의 좁은 이스라엘 땅에 있던 기독교는 어떻게 전 세계로 뻗어가게 되었을까. 바울의 열정과 헌신의 공이 크다. 하나님은 스펙은 떨어지지만 충실한 제자들에게는 이스라엘 국내에서 예수님의 증언자가 되어 전도하는 데 열중하도록 했다. 반대로 해외에서 태어난 바울은 헬라 철학의 교육을 받고 헬라어에 능통하고 로마 시민권을 가지고 있어 해외에서 선교하도록 역할을 분담시켰다. 바울은 3차에 걸친 해외 선교를 통해 예수님을 전했다.

우리나라의 대표적인 석학 이어령 교수는 『지성에서 영성으로』에서 예수님을 믿게 된 과정을 밝혔다. 이성과 지성의 틀에 꽉 찬 이어령 교수는 예수님을 받아들일 공간이 없었다. 그렇지만 이 교수의 딸이 예수님을 믿고 변화되는 삶을 사는 모습을 보며 히브리적 사고에도 눈을 뜨게 됐다.

이 교수의 딸 이민아 변호사는 자신의 삶 속에서 살아 역사하시는 하나님을 보며 아버지를 설득해나갔다. 딸은 아버지를 위해 쉬지 않고 기도하며 교회에 나갈 것을 간청했다. 딸이 고난 속에서도 좌절하지 않고 살아가는 원동력이 믿음이라는 것을 알게 된 아버지는 딸과의 약속을 지키기 위해 교회에 나가 세례를 받았다. 그는 기독교인이 된 심정을 진솔하게 고백했다.

"과거 오류로만 보였던 성경이 지금은 구슬을 꿰듯 새롭게 읽힌다. 그동안 누군가에게 몸을 맡겨본 적이 없었다. 얼마나 외로운 삶인가. 혼자 바들바들하면서 여기까지 온 내가 너무 불쌍했다. 가장 사랑하는 내 딸도 얼마나 쓸쓸했을까. 나도 모르게 눈물이 나왔다."

인간은 보이는 세계만을 믿으려는 속성이 있다. 보이는 세계만 믿으면 생각하는 세상이 너무 좁아진다. 나는 학교에서 도서관장을 맡고 있을 때 도서관에 쌓인 수십만 권의 책을 바라보면서 인간이 얼마나 대단한가를 실감했다. 이렇게 많은 책이 축적되어 있다는 것 자체가 기적이다. 이 많은 책 중에서 우리가 읽을 수 있는 책이 얼마나 될까. 보이는 세계는 넓어 보이지만, 아는 세계는 더욱 좁아지게 된다.

인생에는 보이는 세계와 보이지 않는 세계가 있다. 우리는 보이는 세계도 잘 모른다. 평생 배워도 모자라는 게 지식이다. 자신이 알고 있는 지식을 전부라고 생각하면 참으로 지혜롭지 못하고 안타까운 일이다. 보이는 세계도 넓지만, 보이지 않는 세계는 더욱 넓고 헤아릴 수 없다. 2,000년 역사를 통해서 그토록 많은 사람이 성경을 왜 믿었을까. 프랑스 수학자이며 철학자인 파스칼이 "이성의 마지막 단계는 그 너머의 무한히 많은 것이 있음을 깨닫는 것이다. 그것을 깨닫는 데까지 가지 못한다면 그것은 미약할 뿐이다"라고 한 말을 유념할 필요가 있다.

우리 사회에 인문학 열풍이 계속되고 있다. 인문학은 사람의

마음을 다루는 학문으로 사람을 이해하고 감동시키기 위해서
는 인문학을 알아야 한다. 성경은 인류 최고의 스테디셀러이자
인문학 중의 인문학이다. 성경을 모르면 인생을 종합적으로 이
해할 수 없다. 성경은 아는 만큼 보이고, 하나님을 믿는 만큼 보
인다. "믿으면 알게 되고 알면 더욱 믿게 된다." 이것이 믿음의
법칙이다.

성경은 보이는 세계와 보이지 않는 세계가 무한대로 펼쳐지
는 대하드라마다. 나는 지난 15년 동안 거의 매일 성경을 읽고
묵상했다. 처음에는 성경에 이해되지 않는 부분이 많았지만, 읽
으면 읽을수록 보이지 않는 세계가 얼마나 재미있고 감동적인
지 깨닫게 되었다.

3
선악과,
두려움이 시작되다

"인간의 두려움은 어디에서 왔을까?"

살아가면서 참 궁금했던 물음인데 의외로 가까운 곳에서 답을 찾았다. 바로 창세기 3장에 나오는 선악과 사건이다. 하나님은 천지를 창조하신 후 에덴동산에서 인류의 조상 아담에게 "각종 나무의 열매는 네가 임의로 먹되 선악을 알게 하는 나무의 열매는 먹지 말라. 네가 먹는 날에는 반드시 죽으리라"고 말씀하셨다. 그러나 뱀은 하나님의 말씀을 왜곡하여 하와를 교묘하게 끌어들여 선악과를 따먹게 만든다.

"하나님이 참으로 너희에게 동산 모든 나무의 열매를 먹지 말라 하시더냐?"

"동산 나무의 열매를 우리가 먹을 수 있으나, 동산 중앙에 있는 나무의 열매는 하나님의 말씀에 너희는 먹지도 말고 만지지도 말라. 너희가 죽을까 하노라 하셨느니라."

"너희가 결코 죽지 아니하리라. 너희가 그것을 먹는 날에는 너희 눈이 밝아져 하나님과 같이 되어 선악을 알 줄 하나님이 아심이니라."

결국 하와는 선악과 열매를 따먹고 남편 아담에게도 주었다.

하나님의 명령을 어긴 아담은 하나님이 "네가 어디 있느냐?"고 물으실 때 "내가 벗었으므로 두려워하여 숨었나이다"라고 대답한다. 성경에 두려움이라는 말이 처음으로 등장한다. 아담은 하나님이 금지하신 선악과를 따먹음으로써 하나님과의 약속을 저버렸다. 눈이 밝아져서 자기가 벗은 줄을 알고 마음에 두려움이 찾아왔다.

하나님이 아담과 하와에게 먹지 말라고 명령한 선악과를 왜 먹었느냐고 물으시자 아담과 하와가 대답한다.

"아담이 이르되 하나님이 주셔서 나와 함께 있게 하신 여자 그가 그 나무 열매를 내게 주므로 내가 먹었나이다."

"여자가 이르되 뱀이 나를 꾀므로 내가 먹었나이다."

아담은 하와에게, 하와는 뱀에게 책임을 전가한다. 인류 최초의 변명과 책임 전가의 시작이다. 하나님은 뱀에게 왜 유혹했느냐고 묻지 않으시고 바로 저주를 내려 배로 기어 다니게 했다. 또 여자와 원수가 되게 했다.

"내가 너로 여자와 원수가 되게 하고, 네 후손도 여자의 후손과 원수가 되게 하리니, 여자의 후손은 네 머리를 상하게 할 것이요, 너는 그의 발꿈치를 상하게 할 것이니라."

여자의 후손이 뱀의 머리를 상하게 할 것이라고 하여 장차 신약성경에 나타나실 예수님의 탄생을 예고하고 있다. 하와에게는 임신하는 고통을 느끼도록 했고, 아담에게는 평생 일해야 먹고살 수 있도록 했다. 또 사망의 형벌도 주셨다.

"네가 흙으로 돌아갈 때까지 얼굴에 땀을 흘려야 먹을 것을 먹으리니, 네가 그것에서 취함을 입었음이라. 너는 흙이니 흙으로 돌아갈 것이니라."

하나님은 아담과 하와를 에덴동산에서 쫓아내시고, 사망의 고통도 함께 주셨다. 에덴동산에서 쫓겨난 아담과 하와는 외롭고 힘든 세상에서 사탄으로 상징되는 뱀과 함께 살아가게 된다. 종교개혁자 칼빈의 말처럼 '세상은 하나님의 극장'이 되어 인생의 대하드라마가 펼쳐진다. 시대가 변하면서 주연과 조연이 바뀌고 상황이 복잡해졌을 뿐이다.

총신대 신국원 교수는 『지금 우리는 여기서 무엇을 꿈꾸고 있는가』에서 기독교 세계관을 "창조, 타락, 구속(구원)의 진리의 안경을 통해 세상을 보면 하나님 나라가 보입니다"라고 소개한다.

미국의 문학평론가 르네 지라르 교수는 "욕망은 타인을 모방하는 데서 생긴다는 모방욕망이론"을 제시했다. 우리가 느끼는 두려움, 불안, 어려움, 마음의 앙금들은 우리 욕망과 연관되어 있다는 것이다. 인간은 욕망하는 존재다. 우리의 모든 행동에는 보이지 않지만 항상 타인이 개입되어 있다.

르네 지라르 교수는 『지라르와 성서 읽기』에서 선악과 사건을 모방욕망이론으로 설명한다. 아담과 하와는 에덴동산에서 하나님과 함께 행복하게 살았다. 하지만 뱀이 나타나서 하나님처럼 될 수 있다는 욕망을 심어주었고, 하나님을 모방하고 싶은 욕망이 생겨 선악과를 따먹는다. 인간의 욕망은 무한하고, 바로 이 무한한 욕망 때문에 세상 살기가 힘든 것이다. 인생은 타인을 떠나서는 존재할 수 없다. 타인을 모방함으로써 욕망은 계속된다. 욕망의 특성은 '만족은 짧고 불만족은 길다'는 점이다. 그래서 르네 지라르는 "다들 자기만 지옥에 있다고 여기고 있다. 그것이 바로 지옥이다"라고 말한다.

아담과 하와는 뱀의 간교한 유혹에 넘어가 하나님이 되고 싶다는 욕심이 생겨 선악과를 따먹는 죄를 범하고 사망의 굴레에 갇히게 된다. 즉 욕심이 잉태하여 죄를 낳고 죄가 자라서 사망에 이르게 된 것이다. 선악과의 후유증은 시간과 공간을 뛰어넘어 인류 역사와 함께 계속되고 있다.

오늘날 나에게 선악과는 무엇일까. 인간은 항상 타인을 의식하고 욕망하는 존재다. 선악과는 도덕과 윤리의 기준이고, 그 기준을 범하는 게 바로 선악과 사건이다. 지켜야 될 선을 넘으면 선악과다. 내가 하면 로맨스 남이 하면 불륜이라는 내로남

불도 선악과다. 자신에게는 관대하고 남에게는 엄격하고 싶은
게 인간의 마음이다. 그래서 남의 티는 눈에 잘 띄고 자신의 눈
에 박혀 있는 들보는 보지 못하는 것이다.

　욕망 때문에 마음 관리가 중요하다. 선악과에서 시작된 두려
움은 성경 전편을 흐르는 주제다. 하나님이 두려워하지 말라고
끊임없이 말씀하시는 이유다.

4
네 이름이
무엇이냐

  구약성경에서 콤플렉스를 가진 대표적인 인물이 야곱이다. 야곱은 이삭의 아들이며 믿음의 조상인 아브라함의 손자다. 쌍둥이지만 간발의 차이로 둘째가 된 야곱은 형 에서에게 콤플렉스가 있었다. 야곱은 '발뒤꿈치를 잡은 자'로 속이는 자의 이미지를 갖고 있다.

  형 에서는 남자다운 성격으로 대범하고 사냥을 좋아해서 아버지의 사랑을 받았지만, 야곱은 내성적인 성격으로 집 안에 있기를 좋아했고 어머니를 따라다니는 마마보이였다. 야곱은 에서에게 팥죽을 주고 장자의 명분을 사고, 아버지를 속여 에서에게 갈 축복을 가로챘다. 술수를 부리고 거짓말하면서 장자의 특권과 축복을 빼앗았지만, 결국 형의 복수가 두려워 도망을 간다. 외삼촌을 찾아가며 노숙을 하던 야곱은 꿈속에서 하나님을 만나 축복의 약속을 받는다.

† 내가 너와 함께 있어 네가 어디로 가든지 너를 지키며 너를 이끌어 이 땅으로 돌아오게 할지라. 내가 네게 허락한 것을 다 이루기까지 너를 떠나지 아니하리라(창세기 28:15)

야곱은 외갓집에 도착해 외삼촌 라반을 만나지만, 라반은 더 교활한 인물이었다. 야곱은 외삼촌의 딸 라헬을 사랑하여 7년 동안 노예처럼 일하고 드디어 설렘 속에 결혼식을 올렸으나 상대는 언니 레아였다. 속아서 하룻밤을 지낸 야곱은 그렇게 첫 결혼을 하게 되고, 다시 사랑하는 라헬과 결혼한 후 눈코 뜰 겨를도 없이 7년을 더 일했다. 외삼촌은 철저히 야곱의 노동력을 착취했다. 사랑이 없는 레아는 아들을 4명이나 낳았으나 아이가 없던 라헬은 몸종을 통해 아이를 낳게 하면서 여자들끼리 '아들 낳기 경쟁'을 벌였다. 결국 라헬도 아이를 낳아 12명이 되었다.

야곱은 대가족을 이루고 나서 삼촌에게 독립하여 고향으로 돌아가는 여정을 시작한다. 하지만 형 에서의 보복이 두려워 꾀를 내어 가축과 사람을 두 떼로 나눈다. 먼저 가축과 아내, 자녀들을 보낸 후, 야곱은 혼자 남아 길고 지루한 밤을 보냈다. 그때 얍복 강가에서 하나님을 만나 씨름을 하게 된다. 하나님은 야곱의 허벅지 관절을 쳐서 절름발이로 만드신다. 야곱은 하나님과 씨름하면서 "당신이 내게 축복하지 아니하면 가게 하지 아니하겠나이다"라고 말한다. 그는 하나님과 겨루어 이겼다는 뜻을 가진 이스라엘이라는 이름을 갖게 되었다.

† 네 이름을 다시는 야곱이라 부를 것이 아니요. 이스라엘이라 부를 것이니, 이는 네가 하나님과 및 사람들과 겨루어 이겼음이니라(창세기 32:28)

절름발이가 된 야곱은 꼼수를 부리지 않고 형 에서와 정면 대응하기로 결심한다. 동생에 대한 복수심으로 일렁거리던 형은 멀리서 절뚝거리며 오는 동생의 모습을 보자 원한과 미움이 봄눈 녹듯이 사라지고 연민을 느낀다. 야곱은 죽기를 각오하고 나아가니 두려움이 사라졌다. 그는 형에게 자신을 '종'이라고 표현하며 진솔하게 잘못을 사과하고 용서를 빈다.

야곱은 형과 극적으로 화해하고 새로운 인생을 시작한다. 그러나 연이은 시련이 기다리고 있을 줄 어찌 알았으랴. 사랑하는 아내 라헬이 둘째 아이를 낳은 후 세상을 떠나고, 딸이 이방인에게 강간을 당하는 아픔도 있었다. 아들 요셉이 형들의 미움을 사서 노예로 팔리는 일이 생기자 슬픔은 극에 달한다. 형들이 요셉을 노예로 팔고서 아버지에게 죽었다고 거짓말을 했기 때문에 야곱은 요셉이 죽은 줄로만 알고 살았다. 나중에 요셉이 살아 있다는 사실을 알고 하늘을 날듯이 기뻐했다. 그리고 노예로 팔려간 요셉이 애굽(이집트) 총리가 되어 아버지를 모시고 애굽의 바로 왕을 만나게 된다. 이때 바로 왕이 나이가 몇이냐고 묻자 야곱이 대답한다.

† 내 나그네 길의 세월이 백삼십 년이니이다. 내 나이가 얼마 못 되니 우리 조상의 나그네 길의 연조에 미치지 못하나 험악한 세월을 보내었나이다(창세기 47:9)

야곱은 자신의 인생을 한마디로 '험악한 세월'이었다고 고백한다. 둘째 아들 콤플렉스를 극복하기 위해서 수단과 방법을 가리지 않고 싸웠으나 돌아보면 힘들고 어려운 세월이었다.

자신이 인생을 아등바등하면서 살았다는 느낌을 지울 수 없었다. 그리고 야곱의 아들 12명으로부터 이스라엘의 12지파가 형성되었다. 야곱의 이야기는 반전의 역사다. 모든 것이 장자로 상속되는 원칙이 깨졌다. 이는 둘째도 하나님이 함께하면 가능하다는 믿음을 심어주었다. 이렇듯 성경은 반전과 역전의 묘미가 있어서 재미있고 흥미진진하다.

미국의 폴 스티븐스 교수는 『내 이름은 야곱입니다』에서 "성경은 하나의 이야기다. 사람을 찾으시고 지구상에 그분의 나라를 점진적으로 이루어 가시는 하나님의 이야기"라면서 창세기의 절반을 차지하는 야곱을 흥미롭게 소개한다.

"야곱은 정신적으로 우리와 아주 가깝기 때문에 성경에서 가장 흥미를 끄는 인물 중 하나다. 야곱은 우리 중 하나다. 그에게는 우리와 같은 연약함, 동경, 갈망, 모호함, 궁핍함이 있다. 그런 것들이 드러날 때 그의 약함은 하나님을 향한 문이 된다."

야곱을 통해 인생의 모습을 본다. 우리의 모습을 본다. 하나님은 남의 발뒤꿈치를 잡은 자 '야곱'에서 하나님과 겨루어 이긴 자 '이스라엘'로 이름을 바꾸어주셨다. 야곱의 삶과 이스라엘의 삶이 달라졌다. 이처럼 야곱과 이스라엘 사이를 오가는 것이 인생이다. 이스라엘을 많이 묵상해야 하는 이유다.

5

홍해 바다가
갈라지다

모세의 기적은 교회에 다니지 않은 사람들도 이해할 정도로 잘 알려져 있다. 모세는 이스라엘의 민족적 영웅이며 지도자다. 그리고 모세는 구약성경의 첫 다섯 권인 창세기, 출애굽기, 레위기, 민수기, 신명기의 저자다. 이 책들을 모세오경(五經)이라고 부른다.

모세는 출생의 비밀을 안고 있다. 모세가 태어났을 때 이스라엘 민족은 수가 점점 많아지더니 애굽 민족에게 위협적인 존재로 등장했다. 요셉이 총리 시절에 애굽에 들어온 후 많은 세월이 지나자 이스라엘 민족이 점점 늘어났기 때문이다.

요셉을 알지 못하는 애굽 왕 바로는 위협을 느껴 탄압하기 시작했다. 가혹하게 노동을 시키고 사내아이가 태어나면 나일 강에 던져서 죽이라고 명령했다. 모세의 어머니는 아들을 차마 강에 내던질 수 없어서 몰래 키웠다. 그러나 아기가 점점 자라석 달이 지났을 때는 더 이상 숨길 수 없었다. 그래서 모세를 갈대상자에 넣어 나일 강가 갈대 사이에 놓아두었다. 마침 강에 놀러 왔던 바로 왕의 딸이 아이를 발견하고 데려가 궁중에서 키우게 된다. 모세의 어머니는 궁에 유모로 들어가 모세를 가까이서 돌보았다.

모세는 40년 동안 궁중에서 화려한 왕자의 삶을 누렸다. 어느 날 공사 현장에서 이스라엘 민족이 학대받는 것을 보고 분개하여 애굽의 감독관을 살해하는 일이 벌어졌다. 광야로 피신한 모세는 이곳에서 제사장의 딸과 결혼하여 두 아들을 낳았다. 40년 동안 광야에서 유목 생활을 하던 모세에게 하나님이 호렙산 떨기나무 가운데 나타나시어 "내가 너를 바로에게 보내어 너에게 내 백성 이스라엘 자손을 애굽에서 인도하여 내게 하리라"고 말씀하셨다. 모세는 하나님의 명령을 수행하는 것이 두려워서 자신이 할 수 없다고 여러 가지 변명을 늘어놓았다.

†오 주여, 나는 본래 말을 잘 하지 못하는 자니이다. 주께서 주의 종에게 명령하신 후에도 역시 그러하니 나는 입이 뻣뻣하고 혀가 둔한 자니이다(출애굽기 4:10)

하나님께서는 모세에게 "네 형 아론이 있지 아니하냐. 그가 말 잘하는 것을 내가 아노라" 하시면서 형 아론과 함께 애굽으로 가라고 명령하셨다. 모세와 협력자인 형 아론은 힘을 합쳐 이스라엘 민족을 구출하러 나섰다. 바로 왕은 순순히 이스라엘 민족이 애굽을 떠나도록 허락하지 않았다. 하나님은 애굽에 열 가지 재앙을 내렸다. 바로는 애굽 가정의 첫 아이들이 죽임을 당하는 마지막 재앙에 손을 들고 이스라엘 민족을 할 수 없이 해방시켰다. 이것이 바로 출애굽 즉, 애굽을 탈출하는 사건으로 해방과 자유를 향한 여정이었다.

바로는 이스라엘 민족을 마지못해 떠나도록 허락했지만 다시 마음이 변하여 추격하기 시작했다. 모세와 이스라엘 민족은 홍해 바다 앞에 멈춰 섰다. 앞에는 넘실대는 바다가 가로막고, 뒤에는 바로의 군대가 쫓아오고 있다. 그야말로 진퇴양난의 순간이다. 이때 모세의 기적이 일어난다.

† 모세가 바다 위로 손을 내밀매 여호와께서 큰 동풍이 밤새도록 바닷물을 물러가게 하시니, 물이 갈라져 바다가 마른 땅이 된지라(출애굽기 14:21)

이스라엘 자손은 바다 가운데를 육지처럼 걸어가고 물은 그들의 좌우에 벽이 되었다. 이때 바로의 군대가 추격하여 바다 가운데로 들어왔으나 다시 물이 회복되어 바다가 되니 바로의 군대가 수장되어 죽었다. 이렇게 해서 애굽을 탈출하는 출애굽에 성공했다. 이때 홍해 바다를 건넌 사람은 20세 이상 남자만 60만 명이었으니 전체로 200만 명이 되었다.

모세는 위대한 지도자였다. 시내산에서 하나님께 십계명을 받아서 율법의 근간을 이루었다. 이렇게 그는 율법을 대표하는 인물이 되었다. 모세는 후계자를 잘 양성했다는 점에서도 훌륭하다. 하지만 모세는 불평하는 이스라엘 민족에게 혈기 부린 실수를 범한 죄로 하나님이 약속하신 가나안 땅에 들어가지 못하고 그 역할은 후계자인 여호수아에게 넘어갔다. 그럼에도 그는 120세까지 살면서 건강한 모습으로 생을 마감했다.

홍해가 갈라지는 사건은 기적이다. 기독교를 믿지 않는 사람들은 이 기적 앞에서 망설이게 된다. 인간의 이성으로는 이해가 되지 않기 때문이다. 그러나 홍해 바다 사건을 자신의 인생에 비유해보면 쉽게 이해할 수 있다.

"제 인생에는 몇 번의 홍해 바다가 있었어요. 앞에는 넘실대는 홍해 바다가 가로막고 서 있고, 뒤에는 바로의 군대가 나를 붙잡기 위해 쫓아오는 진퇴양난의 어려움에 빠진 적이 한두 번이 아니었지요."

많은 사람의 홍해 바다 고백을 들을 수 있다. 나 또한 내 인생의 홍해 바다를 떠올리면 모세의 홍해 바다가 두렵고 장엄한 모습으로 다가오는 것을 느낄 수 있다.

6
마음을 강하게 하고
담대하게 하라

"모세를 이어 민족을 이끄는 지도자가 되라."

여호수아는 이스라엘 민족의 국부로 추앙받는 모세의 뒤를 이어 후계자가 되었다. 모세의 비서실장이었던 여호수아에게 갑자기 후계자가 되는 것은 두렵고 떨리는 일이었다. 얼마나 부담이 되고 걱정이 되었을까. 동서고금을 막론하고 후계자는 중요하다. 후계자가 잘하면 역사는 발전하고, 못하면 퇴보한다. 애굽의 종살이에서 탈출하여 홍해 바다를 건너고 40년의 광야 생활을 거쳐 가나안 정복을 눈앞에 둔 시점에 여호수아는 맨 앞에 외롭게 서 있는 것이다. 여호수아가 느끼는 중압감은 말로 표현할 수 없었다. 그 마음을 아신 하나님이 여호수아에게 말씀하신다.

† 강하고 담대하라. 두려워하지 말며 놀라지 말라. 네가 어디로 가든지

여호수아가 느끼는 두려움에 대해서 하나님이 가장 실감나게 표현하셨다. 여호수아의 마음을 콕 짚어서 위로해주는 내용이 아닐 수 없다. 여호수아는 지도자 모세 밑에서 후계자 수업을 충실히 받았다. 명장 밑에 약졸이 없다고 하지 않는가.

여호수아의 리더십은 가나안 지역에 정탐을 다녀온 12명이 모세에게 보고할 때 나타났다. 여호수아는 갈렙과 함께 정탐하고 와서 "그들은 우리 먹잇감이다"라고 자신 있게 보고했다. 반면에 나머지 10명은 "그들은 강하고 성읍은 견고하며 거인족이 산다. 우리는 스스로 보기에도 메뚜기 같다"라며 부정적으로 말했다.

여호수아의 역할은 무엇일까. 이전 세대와 다음 세대를 연결하는 허리 역할이다. 모세는 종살이에서 해방된 이스라엘 민족을 이끌고 광야생활을 마무리했다. 아쉽게도 가나안 땅에 들어가지 못하고 그 임무를 여호수아에게 넘기고 죽었다. 여호수아는 모세를 본받아 하나님 말씀에 순종하면서 리더십을 발휘했다.

여호수아는 가나안 땅을 정복하기 위해서 전쟁을 치르지 않으면 안 되었다. 여호수아는 탁월한 리더십으로 33회 전투를 치르면서 아이성 전투를 제외하고 모든 전쟁을 승리로 이끌어서 가나안 땅을 정복하고, 그 땅을 12지파 백성들에게 나누어 주었다. 하나님이 아브라함과 이삭과 야곱에게 하셨던 약속들을 성취해나갔다. 또 하나님은 여호수아에게 주야로 말씀을 묵상하라고 명령하셨다.

† 율법책을 네 입에서 떠나지 말게 하며 주야로 그것을 묵상하여, 그 안에 기록된 대로 다 지켜 행하라. 그리하면 네 길이 평탄하게 될 것이며 네가 형통하리라(여호수아 1:8)

하나님은 말씀을 붙들고 나가라고 권면하셨다. 전쟁을 할 때 군사력보다 더 중요한 것은 바로 영적인 무기다. 말씀을 붙들고 믿음을 가지고 가는 것이다. 전쟁의 승패는 하나님께 속한 것이라는 믿음을 강조하고 있다.

여호수아는 또한 모세가 혈기를 부려 저지른 실수를 거울삼아 같은 실수를 반복하지 않기 위해 노력했다. 실수도 하고 실패도 했지만, 겸손한 마음으로 백성들을 이끌었다.

여호수아가 이렇게 성공할 수 있었던 것은 주야로 말씀을 묵상하면서 두려움을 극복한 덕택이다. 현실에 대한 두려움이 파도처럼 밀려올지라도 여호수아는 하나님 말씀에 의지하면서 앞으로 나아갔다.

백석대 송병현 교수는『여호수아』에서 여호수아가 모세와 같은 지위를 누렸다고 평가한다.

"여호수아서는 '모세의 시종' 여호수아를 모세를 통해 주어진 율법을 철두철미하게 지킨 자로 묘사하는 동시에 모세에 버금가는 인물로 간주한다. 하나님이 모세와 함께하셨던 것처럼 여호수아와 함께하셨으며, 여호수아는 모세가 누렸던 지위를 동일하게 누렸다. 이스라엘의 모든 백성은 그의 사역이 시작될 때 옛적에 모세에게 했던 것처럼 동일한 충성을 맹세했다."

그리고 여호수아가 죽음을 앞두고 한 고별설교의 의미를 덧붙였다.

"여호수아는 이제 이 세상을 떠나 하나님의 품으로 가야 한다. 그는 이 기회를 통하여 이스라엘에게 다시 한번 하나님의 말씀에 순종하라고 호소한다. 왜냐하면 그들이 가나안에서 성공하거나 실패하는 것은 오직 하나님께 충성하느냐 혹은 그분을 배반하느냐에 달려 있기 때문이다."

기독교는 역사의 종교라고 말한다. 기독교가 역사 속에서 어떻게 움직이는가를 보여준다. 우리가 현실에서 끊임없이 부딪치는 두려움과 근심과 걱정과 불안을 어떻게 극복할 것인가. 그것은 전능하신 하나님이 함께하신다는 믿음이다. 하나님은 "오직 하나님만 두려워하고 사람이나 환경을 두려워하지 말라"고 말씀하신다. 그 믿음이 있으면 두려움이 극복되지만, 믿음이 없으면 두려움은 커지게 된다.

7

내가 사망의 음침한
골짜기를 다닐지라도

"부족함과 두려움."

인생의 본질적인 문제다. 어찌 보면 인생은 두 가지를 가지고 씨름 하는 것이다. 부족함이 있기에 그것을 채우려고 한다. 또 부족함 때문에 두려움이 생긴다. 부족함과 두려움은 동전의 양면과도 같다. 이 두 가지가 해결되면 인생의 어려움도 해결된다. 그 해결 방법을 한꺼번에 제시하는 시가 있다. 기독교인들에게 가장 사랑받는 시편 23편이다.

이 시의 저자 다윗은 BC(Before Christ, 기원전) 1010년 왕이 될 때까지 초대 왕 사울에게 갖은 고난과 어려움을 겪으며 살아왔다. 그러나 마침내 이스라엘의 2대 왕이 되고 훌륭한 리더가 되어 왕국을 반석 위에 올려놓았다. 다윗은 부족함과 두려움을 극복하고, 어떻게 평안을 누릴 수 있는지를 알려 준다.

† 여호와는 나의 목자시니 내게 부족함이 없으리로다. 그가 나를 푸른

풀밭에 누이시며 쉴 만한 물가로 인도하시는도다(시편 23:1-2)

여호와, 즉 하나님이 나의 목자가 되니까 부족함이 없다는 뜻
이다. 목자는 양을 안전하게 인도하는 역할을 한다. 양은 몇 가
지 특성을 가지고 있다. 근시라서 3미터 앞을 보지 못하고, 겁
이 많은 동물이다. 또한 자신을 보호할 능력이 없어 맹수들에
게 사냥감으로 노출되기 쉽다. 이처럼 양은 혼자서는 생존할
수 없어서 인도하는 목자가 반드시 필요하다. 목자는 양을 푸
른 풀밭으로 인도하여 풀을 먹게 하고, 물가로 인도해서 물을
마시게 한다.

영국의 존 스토트 목사는 『내가 사랑한 시편』에서 예수님과
연관하여 선한 목자를 해석했다.

"그리스도인은 예수 그리스도를 생각하지 않고서는 이 시편
을 읽거나 노래할 수 없다. 예수께서는 이 은유를 여호와에게
서 자신에게로 새롭게 적용하셨다. 즉, 우리에게 선한 목자, 목
자장 그리고 양들의 큰 목자이신 바로 그분 말이다."

† 내가 사망의 음침한 골짜기로 다닐지라도 해를 두려워하지 않을 것은

주께서 나와 함께 하심이라. 주의 지팡이와 막대기가 나를 안위하시나

이다(시편 23:4)

양은 혼자서 가면 근시안인 까닭에 계곡에 떨어져 죽을 위험이 있다. 하지만 목자가 있으면 두려움이 없다. 인생도 마찬가지다. 인생은 산 넘어 산이라고 하지 않는가. 어려움을 극복하고 나면 또 다른 산이 기다리는 게 인생이다.

다윗의 삶이 그랬다. 다윗은 사울 왕을 피해 이스라엘 땅 구석구석을 찾아 도망 다녔고, 아둘람 굴에 숨어 지내기도 했다. 그러나 이스라엘에 더 이상 숨을 곳이 없자 할 수 없이 적국인 블레셋 땅 망명길에 올랐다. 블레셋은 자기가 죽인 골리앗의 고향이 아닌가. 그곳이 안전할 리 없었다. 그는 하나님을 간절히 찾았다.

"하나님이여 내게 은혜를 베푸소서. 사람이 나를 삼키려고 종일 치며 압제하나이다."

다윗은 시편 곳곳에서 두려움이 밀려올 때 사람을 두려워하지 않게 해달라고 기도했다.

"내가 하나님을 의지하였은즉 두려워하지 아니하리니 사람이 내게 어찌하리이까."

돌아보면 어려운 일이 한두 가지가 아니다. 불확실한 미래로 인해 두려움 속에서 살아가는 게 우리 인생이다. 그래서 독일의 시인 괴테는 "인생의 본질적인 문제는 두려움"이라고 진단한다.

자신에게 닥칠 해를 두려워하지 않는 것은 확실한 안전판이 있을 때다. 그 안전판이 무엇일까. 사람마다 다르고, 사람이 생각하는 안전판은 불완전하다. 때로는 상대방을 안전하게 하려고 하는 행동이 오히려 상처를 주기도 한다. 독일의 염세주의 철학자 쇼펜하우어는 인간의 사랑이 마치 고슴도치와 같다고 말한다.

"밖이 추우면 추울수록 우리는 따뜻함을 찾아 상대를 더욱 세게 껴안는다. 그러나 서로에게 다가가면 다가갈수록 상대방의 가시에 의해서 더 많이 상처를 입게 된다. 그래서 춥고 쓸쓸한 겨울밤, 우리는 상대에게서 떨어져 나가 혼자 바깥에서 헤매다가 추위 속에서 외롭게 얼어 죽는다."

그러면 완전한 안전판은 무엇일까. 시인 다윗은 그 안전판을 하나님으로 생각한다. 확실한 안전판, 절대적인 안전판인 하나님이 함께한다고 믿었기에 10여 년 동안 사울 왕을 피해 다니면서 겪은 수많은 두려움을 극복할 수 있었다.

† 주께서 내 원수의 목전에서 내게 상을 차려 주시고, 기름을 내 머리에 부으셨으니, 내 잔이 넘치나이다. 내 평생에 선하심과 인자하심이 반드시 나를 따르리니, 내가 여호와의 집에 영원히 살리로다(시편 23:5-6)

시인은 하나님이 함께한 덕택에 "내 잔이 넘치나이다"라고 감사의 노래를 부른다. 부족함과 두려움이 해결되니 은혜가 넘친다. 그래서 평생 동안 하나님의 선하심과 인자하심이 함께한다고 결론을 내린다.

시편 23편을 읽고 있으면 마음이 따뜻하고 편안해진다. 기독교인들에게 가장 사랑받는 시가 된 이유이기도 하다. 나는 매일 아침 시편 23편을 암송한다. 복잡한 하루가 기다리고 있지만, 시편을 조용히 암송하면 어느덧 나를 푸른 풀밭과 물가로 인도하시는 하나님을 기대하게 된다. 비록 어려움이 있을지라도 하루를 웃으며 지낼 수 있는 힘이 생긴다.

8
갈멜산과 로뎀나무
사이에서

"용기의 사람, 열정의 사람, 기도의 사람."

선지자 엘리야에게 붙여진 별칭이다. 그는 갈멜산에서 당시에 풍요와 다산의 상징인 바알과 아세라 신을 섬기는 850명과 혼자서 대결하여 이긴, 두려움이 없는 불같은 선지자다. 그의 담대한 용기는 구약성경에 나타난 신명나는 장면 중의 하나다. 엘리야는 하나님이 얼마나 위대하신가를 BC 9세기 북이스라엘 아합 왕 앞에서 보란 듯이 당당하게 보여준 대사건의 주인공이었다. 얼마나 대단한 일을 한 것인가. 그의 용기 앞에 이스라엘 민족의 자부심은 더욱 높아졌다.

† 아브라함과 이삭과 이스라엘의 하나님 여호와여, 주께서 이스라엘 중에서 하나님이신 것과 내가 주의 종인 것과 내가 주의 말씀대로 이 모든 일을 행하는 것을 오늘날 알게 하옵소서(열왕기상 18:36)

그가 이런 기적을 행하고 며칠 후 이해할 수 없는 일이 생겼다. 아합 왕과 왕비 이세벨이 그를 잡아서 처형하라는 명령을 내렸다. 천하를 호령하던 당당한 모습은 어디로 가고 겁쟁이로 변신하고 말았다. 하루아침에 천국에서 지옥으로 떨어지는 모습이다. 용맹스러운 도전자에서 비겁한 도망자로 전락했다. 갈멜산의 모습은 간 곳이 없고 로뎀나무로 피신하여 하나님께 자신을 차라리 죽여 달라고 조르는 어린 아이 같은 모습을 보였다.

† 여호와여 넉넉하오니 지금 내 생명을 거두시옵소서(열왕기상 19:4)

그는 두려움이 엄습하자 전혀 다른 사람으로 돌변했다. 두려움은 이렇게 무서운 것이다. 모든 소망을 잃어버리고 자포자기 상태에 있을 때 하나님이 찾아오셨다. 하나님은 그를 위로하시면서 너는 혼자가 아니라 함께할 동료가 있다고 힘을 주신다.

† 그러나 내가 이스라엘 가운데에 칠천 명을 남기리니, 다 바알에게 무릎을 꿇지 아니하고, 다 바알에게 입 맞추지 아니한 자니래(열왕기상 19:18)

하나님의 사람으로 기적을 일으켰던 열혈 선지자 엘리야, 하지만 영웅처럼 당당하던 그의 모습이 초라한 보통 사람으로 돌아왔다. 권력자가 두려워 도망치는 처량한 모습이 오히려 인간적이다. 그의 이야기는 바로 우리 자신의 이야기다. 보통 사람의 성정을 가졌다는 것 자체가 매력이다.

갈멜산의 당당한 모습도, 로뎀나무 밑의 초라한 모습도 둘 다 우리의 모습이다. 우리는 때로는 갈멜산 위에 영웅처럼 서 있는가 하면 때로는 로뎀나무 밑에서 모든 것을 포기한 채 처량한 모습으로 앉아 있다. 환경과 사람만 바라보면 우리의 마음은 변덕스러울 수밖에 없다.

좌절하고 절망 속에 있을 때 미풍 속에서 부드러운 하나님을 만나면서 사명을 받고 다시 일어서는 힘과 용기를 얻는다. 후계자 엘리사를 세우라는 당부다. 사명이 생기니 다시 활력이 생기고 엘리야가 원래의 모습으로 돌아왔다. 후계자를 세우는 일은 중요하다. 모세와 여호수아처럼, 엘리야는 엘리사를 후계자로 세워 신앙의 전통이 유지되도록 했다.

소망교회 김지철 목사는 〈열왕기상 강해〉 설교에서 하나님이 주시는 남은 자의 의미를 설명한다.

"너는 혼자가 아니다. 남은 사람들이 있다. 내가 너의 동료를 숨겨 놓았다. 네가 알지 못하는 7,000명의 사람들이 곳곳에 숨어 있다. 바알 신에게 무릎 꿇지 않은 사람들, 지조와 신앙을 지킨 인물들이 있다. 그들은 하나님을 경외하는 사람들이다. 낙심하지 말라. 네가 혼자 있다고 생각하지 말라. 네가 역사를 다 책임진다고 부담 갖지 말라. 네가 모든 것을 다 행할 줄 안다고 스스로 모든 짐을 지지 말라. 너는 네 할 일만 하면 된다. 다른 사람이 필요하면 다른 사람을 사용할 것이다."

엘리야가 강한 능력을 발휘한 것은 특별해서가 아니다. 하나님을 전적으로 신뢰하며 확신을 갖고 나아갔기 때문에 가능한 일이었다. 두려움에 떨고 있을 때 하나님께 의지하면서 다시 용기를 얻고 본래의 엘리야로 돌아왔다.

우리는 삶 속에서 마음이 수시로 변하는 것을 자주 경험한다. 하루에도 몇 번씩 자신감 넘치는 갈멜산과 의기소침한 로뎀나무 사이를 오가는 존재라는 생각이 든다. 자신감이 하늘을 찌를 듯하다가도 금방 용기를 잃고 풀이 죽어서 두려움에 떠는 나약한 모습을 볼 수 있다. 갈멜산 위에 있을 때 감사하고 로뎀나무 아래 있을 때 기도해야 하는 이유다.

9

광야에 길을
사막에 강을 내리라

'작은 성경', '구약 속에 있는 신약'.

이사야서에 붙여진 이름이다. 이사야서가 성경과 같은 구조를 가지고 있기 때문이다. 이사야서는 총 66장으로 이루어져 있다. 첫 39장은 구약성경의 39권에 해당하며 하나님의 공의와 거룩하심과 심판을 강조한다. 나머지 27장은 신약성경의 27권에 비교되며 하나님의 구원과 사랑과 은총을 묘사한다. 이사야서는 또한 신약성경에서 시편과 함께 가장 많이 인용되고 있다.

선지자 이사야는 BC 740년에서 680년까지 60년 동안이나 사역을 감당했다. 이사야서는 '하나님의 심판'과 '하나님의 구원'이라는 두 가지 주제로 요약된다. 하나님은 먼저 이스라엘 백성에게 경고로 시작하신다.

†하늘이여 들으라. 땅이여 귀를 기울이라. 여호와께서 말씀하시기를 내

가 자식을 양육하였거늘 그들이 나를 거역하였도다. 소는 그 임자를 알고, 나귀는 그 주인의 구유를 알건마는 이스라엘은 알지 못하고, 나의 백성은 깨닫지 못하는도다(이사야 1:2-3)

하나님은 이스라엘 백성의 도덕적 부패, 정치적 타락, 사회적 불의, 우상숭배 등으로 인한 심판이 임박했음을 보여주신다. 하나님은 패역하고 완악한 모습을 보면서 슬퍼하고 고통스러워하신다. 하나님은 의로우신 분인 까닭에 죄는 미워하지만 죄인을 사랑하신다. 그래서 하나님은 회개하는 자를 긍휼히 여기시고 남은 자를 구원하신다. "만군의 여호와께서 우리를 위하여 생존자를 조금 남겨 두지 아니하셨다면 우리가 소돔 같고 고모라 같았으리로다." 하나님은 사랑과 은총으로 생존자를 세워주시고 변화하기를 원하신다.

이사야는 유다 왕국에 대한 심판뿐만 아니라 주변 국가 앗수르와 바벨론(현재 이라크)에 대해서도 예언을 한다. 유다 왕국은 앗수르에 포로로 끌려가는 것은 면하지만 "바벨론의 손에서는 벗어나지 못할 것"이라며 바벨론 포로시기를 예언한다. 이사야서에 장차 오실 메시야 신약성경의 예수님에 대한 예언이 나온다.

"보라 처녀가 잉태하여 아들을 낳을 것이요. 그의 이름을 임마누엘이라 하리라."

"이는 한 아기가 우리에게 났고, 한 아들을 우리에게 주신 바되었는데 그의 어깨에는 정사를 메었고, 그의 이름은 기묘자라, 모사라, 전능하신 하나님이라, 영존하시는 아버지라, 평강의 왕이라 할 것임이라."

이사야 40장에서는 하나님의 위로와 구원의 역사가 시작된다. 하나님은 먼저 그동안 많은 고난을 받은 백성들을 위로하시면서 하나님의 전능하심을 상기시킨다.

"영원하신 하나님 여호와, 땅끝까지 창조하신 이는 피곤하지 않으시며, 곤비하지 않으시며, 명철이 한이 없으시며, 피곤한 자에게는 능력을 주시며 무능한 자에게는 힘을 더하시나니."

반면에 "소년이라도 피곤하며 곤비하며 장정이라도 넘어지며 쓰러지되"라고 인간의 한계를 표현한다. 전능하신 하나님은 믿기만 하면 새 힘을 주신다. "오직 여호와를 앙망하는 자는 새 힘을 얻으리니, 독수리가 날개치며 올라감 같을 것이요. 달음박질하여도 곤비하지 아니하겠고, 걸어가도 피곤하지 아니하리로다." 죄인을 용서하시고 회복시키시고 위로하시는 하나님을 앙망할 때 놀라운 역사를 이루고, 새 힘을 얻게 된다.

또한 하나님은 두려워하지 말라고 기회 있을 때마다 강조하신다. "두려워하지 마라. 내가 너와 함께 있다. 걱정하지 마라. 나는 네 하나님이다. 내가 너를 강하게 하고 너를 도와주겠다. 내 의로운 오른손으로 너를 붙들어 주겠다." 심지어 이스라엘 민족을 지명하여 불렀다고 말씀하신다.

"너는 두려워하지 말라. 내가 너를 구속하였고 내가 너를 지명하여 불렀나니 너는 내 것이라. 네가 물 가운데로 지날 때에 내가 너와 함께할 것이라. 강을 건널 때에 물이 너를 침몰하지 못할 것이며, 네가 불 가운데로 지날 때에 타지도 아니할 것이요 불꽃이 너를 사르지도 못하리니."

광야에 길을 내고 사막에 강을 만드시는 하나님이 축복해주신다.

"나 여호와가 너를 항상 인도하여 마른 곳에서도 네 영혼을 만족케 하며, 네 뼈를 견고케 하리니, 너는 물 댄 동산 같겠고 물이 끊어지지 아니하는 샘 같을 것이라."

하나님이 우리에게 주시는 것은 두려움이 아니라 기쁨이다. 하나님만을 두려워하고 하나님이 주시는 넘치는 기쁨과 즐거움을 누리게 하는 것이다. 하나님은 새 하늘과 새 땅의 비전을 제시하시면서 이사야서를 마무리하신다.

영국의 마틴 로이드 존스 박사는 『너희 하나님을 보라』에서 이사야서를 예수 그리스도와 연계하여 소개한다.

"하나님의 구원 방식이 무엇입니까? 단순히 죄만 사해주시고 용서해주시는 것이 아닙니다. 물론 죄 사함도 꼭 필요합니다. 그러나 그것은 시작에 불과합니다. 그것을 넘어서는 것이 있습니다. 하나님은 그 자신이 결코 피곤하시거나 곤비하시지 않을 뿐 아니라 피곤하고 곤비한 자들에게도 힘을 주십니다. 그들을 다시금 새롭게 하시며 되살아나게 하십니다. 이런 기적이 우리 안에서 일어납니다. 새로운 생명과 새로운 본성, 새로운 능력이 생겨납니다. 이것은 전부 하나님이 그리스도 안에서 주시는 것입니다."

10
죽으면
죽으리이다

"독재자 히틀러는 2차 세계대전 때 유대인을 몇 명이나 학살했을까?"

600만 명이다. 놀라운 숫자다. 히틀러는 독일 민족인 게르만 민족의 우수성을 높이기 위해 선민사상에 물든 유대인을 처형하기 시작했다. 현재 전 세계의 유대인은 1,700만 명 정도로 추산되고 있으니 히틀러에 의해 억울하게 희생당한 숫자가 얼마나 큰지 짐작할 수 있으리라.

성경에 실제로 유대인 학살 계획이 나온다. BC 586년 남유다 왕국이 바벨론 제국에게 멸망하면서 많은 유대인이 바벨론에 포로로 끌려갔다. 이후 바벨론은 바사(페르시아, 현재 이란)제국에게 멸망한다. 바사 왕 아하수에로의 통치 때 2인자는 하만 총리였다. 권력자인 그에게 궁궐 문지기로 있는 유대인 모르드개는 눈엣가시 같은 사람이었다. 그는 다른 사람들과 달리 하만에게 엎드려 공손하게 절하지 않았다. 이를 괘씸하게 여긴 하만은 점점 분노가 끓어올라 유대인 전체를 말살하기 위한 음모를 꾸몄다. 유대인들이 왕을 숭배하지 않는다는 구실을 붙여 왕에게 민족 말살에 관한 허락까지 받았다. 유대인의 운명이 절체절명의 위기에 놓였다.

그때 포로 출신으로 유대인 에스더가 왕비로 있었다. 고아였던 에스더를 사촌 오빠 모르드개가 키웠다. 에스더는 유대 민족 말살 계획을 듣고 고민에 빠졌다. 왕비가 되었으나 유대인이라는 신분은 노출되지 않은 까닭이었다. 망설이는 에스더를 향해 모르드개는 결단을 촉구했다. "유대인을 전부 몰살시키려는 음모를 계획하고 있으니 왕비도 결코 무사하지 못한다. 그러니 왕에게 가서 우리 민족을 위해서 호소하라"면서 "네가 왕후의 자리를 얻은 것이 이때를 위함이 아닌지 누가 알겠느냐"라고 설득했다.

고심하던 에스더 왕비는 마침내 결심하고 목숨을 바쳐 민족을 구해내는 모험을 단행했다. 당시는 왕의 부름 없이 왕비가 스스로 왕 앞에 나가는 행동은 잘못되는 경우 죽음을 자초하는 것이나 마찬가지였다. 에스더는 모르드개에게 금식기도를 부탁하고서 왕 앞에 나갔다.

† 규례를 어기고 왕에게 나아가리니 죽으면 죽으리이다(에스더 4:16)

다행히도 왕은 목숨을 걸고 왕 앞에 나온 에스더를 반갑게 맞아주었다. 왕의 마음과 몸을 사로잡은 에스더는 자신이 유대인이라는 사실을 밝히고 하만의 유대 민족 말살 계획을 담대하게 알렸다. 사랑하는 왕비의 민족을 말살하려는 계획이 간계임을 깨달은 왕은 하만 총리를 처형하고 유대 민족 말살 계획을 수포로 돌리는 조치를 취했다.

이렇게 에스더는 민족의 위기 앞에서 용기를 내어 목숨을 걸고 민족을 구할 수 있었다. 그 후 유대인들은 에스더의 용기로 민족이 몰살 위기에서 살아난 것을 기념하여 '부림절'이라 이름 붙이고 축제로 지키고 있다. 에스더의 용기는 훗날 유대 민족과 사람들에게 두려움을 극복하고 용기를 주는 모델이 되었다.

에스더의 죽기 살기 정신은 일제강점기 때 신사참배에 반대하다가 투옥되어 순교한 주기철 목사를 생각나게 한다. 얼마 전 〈일사각오(一死覺悟)〉라는 제목으로 영화가 제작되었다. 이 영화는 거대한 일제 권력에 맞서 싸운 주기철 목사의 삶과 신앙을 생생하게 보여줘 깊은 감동을 주었다.

주 목사는 1938년부터 다섯 차례 투옥되어 5년 4개월 동안 감옥 생활을 하면서 갖은 고문을 당했다. 몽둥이로 두들겨 맞고 채찍질로 상처 나고, 심지어 못 판 위를 걷게 하여 발이 다 못에 찔려 피가 터져서 파상풍에 걸리기도 했다. 폐병과 심장병으로 고생했고, 각종 고문으로 병이 생겨 1944년 해방을 한

해 앞두고 47세를 일기로 순교했다. 세상을 떠나기 전에 어머니, 아내, 자녀, 교인들에게 올리는 '다섯 가지 종목의 나의 기도'가 심금을 울린다. 80세 노모에게 보낸 기도문을 살펴보자.

"내 어머님이 나를 낳아 애지중지 키워주시고, 가르쳐주신 은혜 태산같이 높습니다. 어머님을 봉양하지 못하고 잡혀 다니는 불효자의 신세, 어머님 생각이 더욱 간절합니다. 내 어머님이 금지옥엽으로 길러주신 이 몸이 남의 발길에 채이고 매 맞아 상할 때, 내 어머님 가슴이 얼마나 아프실까! 춘풍추우 비바람이 옥문에 뿌릴 때 고요한 밤 달빛이 철창에 새어들 때, 어머님 생각 간절하여 눈물 뿌려 기도하였습니다. 어머님을 봉양한다고 하나님의 계명을 범할 수도 없습니다."

분당우리교회 이찬수 목사는 『죽으면 죽으리이다』에서 "어느 때보다 두렵고 막막한 현실 속에서 절망의 자리에서 웅크리고 고통받는 사람들에게 에스더가 죽으면 죽으리라는 필사즉생(必死則生), '죽기를 각오하면 오히려 산다'의 자세로 현실의 벽을 극복했다. 나아가 에스더가 일신의 안일을 포기하고 민족을 위해 더불어 사는 길을 선택하였듯이 우리 크리스천들이 홀로 잘 사는 길이 아니라 더불어 잘 사는 도전을 해야 한다"고 역설한다. 두려움이 사방으로 몰려와도 "죽으면 죽으리이다"는 말씀을 묵상하면 독수리가 날개 치며 올라가는 것 같은 용기가 생겨난다.

지금까지 구약성경에서 "두려워하지 말라"와 관련된 내용을 중심으로 살펴보았다. 신약성경에도 두려워하지 말라는 말이 많이 나온다. 차이점이 무엇일까. 구약에서는 하나님이 말씀하셨고, 신약에서는 예수님이 제자들과 무리들에게 말씀하셨다. "안심하라. 내니 두려워하지 말라." "내일 일을 위하여 염려하지 말라." 두려움, 근심, 걱정, 염려 등 모든 것을 예수님께 맡기라고 권면하신다. 이제 예수님이 말씀하시므로 하나님의 아들이신 예수님을 만나면 두려움의 근원이 제거된다.

예수님의 제자 사도 요한은 예수님은 사랑이시기 때문에 "사랑 안에 두려움이 없고 온전한 사랑이 두려움을 내쫓나니"라고 하면서 사랑이 두려움을 물리칠 수 있다고 고백한다.

두려워하지 말라는 주제는 다음 장에서 하나님 사랑과 이웃 사랑으로 자연스럽게 연결된다.

길잡이 1

이스라엘의 역사와 5대 제국

"이스라엘 민족을 지배한 나라는 역사적으로 몇 개나 될까?"

"애굽, 앗수르, 바벨론, 바사, 헬라, 로마 등 6개 나라다."

성경통독원 조병호 원장은 『성경과 5대 제국』에서 애굽은 제국으로 분류하기에는 2%가 부족하다며 하나의 국가로 분류하고 나머지 국가를 5대 제국으로 불렀다.

성경 속에 나타난 이스라엘 역사는 BC 21세기 아브라함이 활동하면서 시작되어 서기 70년 나라가 망할 때까지 계속된다. 2,100년의 역사 속에서 이스라엘 민족은 무려 6개 나라의 식민지 지배를 받았다. 서기 70년 이후 이스라엘 민족은 나라를 잃고 전 세계에 흩어져 디아스포라의 삶을 살다가 1948년 2차 대전이 끝난 후 다시 나라를 세웠다. 약 4,000년의 역사 속에 이스라엘 민족은 그야말로 고난과 질곡의 길을 걸어왔다. 이스라엘 역사와 주변 국가와의 관계를 살펴보면 성경을 더욱 실감나게 이해할 수 있다.

이스라엘의 조상 아브라함은 고향 갈대아 우르를 떠나서 하란으로 갔다가 가나안으로 이주했다. 요셉이 애굽의 총리가 되면서 야곱 가족 70명이 BC 1875년경 애굽에 들어왔다. 그 후 430년 후인 BC 1445년경에 위대한 민족의 지도자 모세의 통솔하에 애굽을 탈출했다. 이스라엘은 400여 년 동안 애굽 생활을 하면서 200만이 넘는 민족으로 성장했다. 이스라엘 민족이 애굽의 종살이에서 벗어나 자유와 해방을 위해 떠난 여정이 바로 출애굽 사건이다.

여호수아는 가나안 전쟁을 통해 젖과 꿀이 흐르는 약속의 땅을 정복했다. 340년 동안 사사가 다스리는 시기를 지나 왕정시대가 시작되었다. 초대 왕 사울을 거쳐 2대왕 다윗이 BC 1010년부터 40년 동안 통치하면서 이스라엘은 황금기를 누렸다. 주변 국가에서 조공을 바칠 정도로 강대국이 되었다. 3대 왕 솔로몬은 탁월한 지혜로 명성을 이어갔다. 솔로몬은 주변 국가와 혼인 정책을 통해 처첩이 무려 1,000명에 이를 정도로 위상을 과시했다.

하지만 BC 931년 솔로몬의 아들 르호보암 왕 때 남북이 갈라지는 비운을 겪었다. 북왕국 이스라엘은 여로보암이 일으킨 반란에 10개 지파가 참여했다. 남왕국 유다 왕조는 유다와 베냐민 2개 지파의 지지로 세워졌다. 남북으로 갈라진 이스라엘은 국력이 약화되면서 앗수르 제국의 침입을 받아 BC 722년 먼저 북이스라엘이 멸망했다. 이때 앗수르는 혼인정책을 실시하여 북이스라엘의 수도인 사마리아 사람들을 자기 민족과 강제로 혼인시켜 혼혈민족으로 만들었다. 훗날 이스라엘 사람들이 사마리아인을 무시하게 되는 원인이 되었다.

앗수르 제국은 BC 609년 바벨론 제국에 의해 망한다. 이후 바벨론은 세 차례에 걸쳐 남유다를 공격한다. 바벨론은 BC 605년 남유다를 점령하여 조공을 바치도록 하는 강화조약을 맺고, 다니엘을 포함한 청년들을 인질로 잡아가는 '제1차 바벨론 포로' 정책을 시작한다. 그러나 남유다가 강화조약을 충실히 이행하지 않자 BC 598년 바벨론은 두 번째 침공을 한다. 이때 남유다의 왕 여호와긴과 에스겔 선지자를 포함한 1만여 명의 지도자와 우수한 기술자를 '제2차 바벨론 포로'로 끌고 갔다.

BC 588년 바벨론은 애굽과 함께 남유다를 공격하여 18개월의 공성전 끝에 BC 586년 남유다를 멸망시켰다. 바벨론의 느부갓네살 왕은 남유다에 철저한 응징을 보여주었다. 남유다 시드기야 왕은 두 아들의 목이 달아나는 것을 처참하게 지켜본 후 바벨론으로 끌려가 평생을 감옥에서 살다 죽었다. 이때 살아남은 사람 대부분은 '제3차 바벨론 포로'로 끌려갔다. 바벨론 포로 생활은 이스라엘 민족에게 다시금 애굽의 종살이를 연상시켰다. 포로 생활의 고달프고 처량한 신세를 한탄하면서 해방과 자유를 염원했다.

바사 제국은 BC 539년 바벨론 제국을 멸망시켰다. 바사의 고레스 왕은 바벨론의 포로 정책의 문제점을 간파했다. 바벨론이 점령한 국가의 포로들을 중앙으로 잡아옴으로써 식민지 국가의 경제가 엉망이 되어 세금이 줄어 재정적인 어려움을 겪었다. 고레스 왕은 끌려온 포로들을 자기 나라로 돌려보내고, 훈련받은 지도자들을 자기 민족의 총독으로 임명하여 통치하도록 했다. 이 정책으로 유대에서 스룹바벨, 느헤미야 총독이 등장했다. 느헤미야가 이스라엘 총독으로 12년 동안이나 통치한 것이 좋은 사례다.

마케도니아의 알렉산더 대왕이 BC 331년 바사 제국을 멸망시킴으로써 그리스 중심의 헬라 제국이 탄생했다. 알렉산더 대왕은 만족하지 않고 인도까지 영토를 확장해나갔다. 알렉산더 대왕이 32세의 젊은 나이에 요절하자 헬라 제국은 4명의 장군들에 의해 분할되었다. 이스라엘은 처음에는 헬라 제국의 프톨레미 왕조가 다스리다가 나중에는 셀루커스 왕조의 지배를 받았다.

지중해의 강자 로마는 BC 146년 그리스, 마케도니아, 카르타고를 식민지로 만들어 헬라 제국이 무너지고 천년제국 로마가 등장했다. BC 63년 로마의 폼페이우스 장군은 시리아를 속주로 만들어 이스라엘은 로마의 식민지가 되었다. BC 4년 예수님이 탄생하셨을 때 이스라엘은 로마 제국의 식민지 지배를 받고 있었다.

지금까지 살펴본 바와 같이 이스라엘은 애굽, 앗수르, 바벨론, 바사, 헬라, 로마 등 6개 나라의 식민지 지배를 받은 굴곡진 역사를 가졌다. 이스라엘 백성들은 통한의 역사에서 하나님의 선택된 백성으로서 자유와 구원을 가져다줄 메시야를 기다리고 있었다. 히브리어 메시야는 기름 부은 자의 뜻이고, 헬라어는 그리스도다. 메시야와 그리스도는 같은 뜻이다. 예수님의 등장은 로마의 식민지배와 종교 지도자들의 압제에서 벗어날 수 있는 절호의 기회라는 기대감을 심어 주었다.

한눈에 읽는 구약성경

"성경은 역사상 모든 책 가운데 가장 위대한 문학 작품이요, 역사책이요, 신학책이다."

성경에 대한 일반적인 평가다.『성경』은『구약성경』과『신약성경』으로 나누어진다. 구약성경은 하나님의 구원 즉, 자유를 주시려는 계획에 대한 약속이다. 신약성경은 구약성경의 약속이 완성되는 것이다. 구약성경은 장차 오실 예수님에 대해서 약속하는 것이고, 신약성경은 이 땅에 오신 예수님을 증거 하는 책이다. 구약성경과 신약성경은 예수님을 통해서 절묘하게 연결된다.

성경은 총 66권으로 구약성경 39권, 신약성경 27권으로 구성되어 있다. 구약성경 39권은 율법서(5권), 역사서(12권), 시가서(5권), 선지서(17권)로 구분된다. 구약성경에 대한 설명은 브루스 윌킨슨의 『한 눈에 보는 성경』과 가스펠서브의 『라이프 성경사전』을 중심으로 정리했다.

율법서는 모세가 쓴 다섯 권의 책으로 〈창세기〉, 〈출애굽기〉, 〈레위기〉, 〈민수기〉, 〈신명기〉를 말한다. 주인공 모세의 이름을 따 '모세오경'이라고 부른다.

〈창세기〉는 구약성경의 첫 책으로 "태초에 하나님이 천지를 창조하시니라"로 시작하여 우주만물의 시작과 기원을 설명한다. 또 인간의 타락, 최초의 살인, 노아 홍수, 바벨탑 사건 등을 통해 죄의 근원과 인간의 타락상을 보여준다. 그러나 하나님은 믿음의 조상 아브라함을 통해 죄악으로 파멸할 수밖에 없는 인간을 방치하지 않고 찾아오셔서 구원의 역사를 시작하신다. 아브라함, 이삭, 야곱과 더불어 언약을 맺으시고 젖과 꿀이 흐르는 가나안 땅을 그들의 후손에게 주겠다고 약속하신다. 성경은 창조, 타락, 구원의 역사 속에서 진행된다.

〈출애굽기〉는 요셉을 통해 야곱 일가가 애굽으로 건너간 지 약 430년 동안의 애굽 생활을 마무리하고, 하나님의 인도로 노역의 땅 애굽을 탈출하여 약속의 땅 가나안으로 출발한 사건의 기록이다. 지도자 모세가 출현하여 종살이에서 억압받고 고난 속에 있는 백성을 이끌고 해방과 자유를 찾아 떠나는 여정이다. 홍해를 건넌 이스라엘 백성은 시내산에 이른다. 그곳에서 하나님은 모세에게 십계명을 근간으로 율법을 주시고, 성막을 짓도록 하여 예배의 모범을 제시한다. 하나님이 십계명을 주신 이유는 인간이 지켜야 하는 도덕법을 뛰어넘어 인간에게 해방과 자유를 주시기 위해서다. 40년 동안 광야생활을 하면서 낮에는 구름기둥, 밤에는 불기둥을 통해 오직 하나님만을 의지할 때 약속의 땅, 생명의 처소로 들어갈 수 있음을 보여준다.

〈레위기〉는 "내가 거룩하니 너희도 거룩하라"는 하나님 말씀처럼 거룩함이 주제다. 하나님께서는 이스라엘 백성에게 제사법과 성결법에 대해 자세한 지침을 주신다. 이는 거룩한 하나님과 인간의 죄가 서로 만날 때 인간이 어떻게 죄를 용서받고 깨끗해질 수 있는지 그 해법을 보여준다. 궁극적으로 신약성경에 예수 그리스도의 십자가가 왜 필요한지를 미리서 보여주는 책이기도 하다.

〈민수기〉는 백성의 숫자를 센다는 뜻이다. 약속의 땅에 들어가기 전에 두 번의 인구조사를 한다. 인구조사의 목적은 전쟁을 수행할 장정의 숫자를 파악하는 것이다. 광야생활은 하나님에 대한 순종과 불순종의 반복이었다. 불만을 드러낸 기성세대는 약속의 땅에 들어가지 못하고, 긍정적으로 보고한 여호수아와 갈렙, 젊은 세대만 들어간다. 이는 하나님의 말씀에 순종하여 살아갈 때 비로소 약속의 땅인 가나안에 들어갈 수 있음을 보여준다.

〈신명기〉는 모세오경의 마지막 책이다. 모세는 약속의 땅을 눈앞에 두고 들어가지 못한 채 죽음을 맞이하면서 고별설교를 한다. 모세는 출애굽을 경험하지 못하고 광야에서 태어난 신세대에게 광야 생활을 회고하며 약속의 땅 가나안에서 지켜야 할 율법을 종합하여 다시 한번 가르친다.

모세오경에 이어 12권의 '역사서'가 등장한다. 역사서는 약속의 땅을 차지하여 정착하는 신정 시대, 사사 시대, 왕정 시대, 왕국의 남북 분열과 쇠퇴, 북이스라엘과 남유다의 포로 생활 그리고 남은 자의 귀환 등을 기술한다.

〈여호수아〉는 여호수아가 약속의 땅 가나안을 정복하는 과정을 기술하고, 〈사사기〉는 여호수아가 죽은 후(BC 1390년)부터 이스라엘의 초대 왕 사울이 즉위(BC 1050년)할 때까지 340년 동안 기드온, 삼손 등 12명의 사사가 다스리는 시대를 설명한다. 〈사무엘상·하〉는 초대 왕 사울의 실패와 2대 다윗 왕의 등장과 통치 그리고 솔로몬의 통치 시기를 다룬다. 〈열왕기상·하〉는 솔로몬이 죽은 후 이스라엘 왕국이 북이스라엘과 남유다로 분단되어 북이스라엘이 앗수르에 의해 멸망하고, 이어서 남유다가 바벨론에 멸망하여 왕과 지배 계층이 포로로 끌려가는 시기를 기술한다.

〈역대기상·하〉는 〈열왕기상·하〉와 같은 시대를 정치적 역사가 아니라 종교적 관점에서 조명한다. 〈에스라〉, 〈느헤미야〉, 〈에스더〉는 70년의 포로 기간과 유다의 남은 자들이 고국으로 돌아오는 역사를 다룬다.

다섯 권의 '시가서'는 〈욥기〉, 〈시편〉, 〈잠언〉, 〈전도서〉, 〈아가〉를 말한다. 시 또는 시적으로 표현된 시가서는 앞에 나온 역사서의 과거를 잇고, 뒤에 나올 선지서의 미래와 연결해주는 이음새 역할을 한다. 시가서는 인간의 고통, 하나님에 대한 탄식과 찬양과 감사, 지혜, 잠언, 사랑 등의 주제를 심도 있게 조명한다.

'17권의 선지서들'은 하나님의 말씀을 받은 선지자들이 온갖 고난을 받으면서 목숨 걸고 외치는 내용이다. 시가서와 비교할 때 선지서의 분량이 3배가 넘는다. 이는 이스라엘 백성들이 하나님 말씀을 그만큼 듣지 않는 경우가 많았다는 것을 뜻한다. 하나님의 말씀에 불순종한 사람들에게 벌을 내리실 때, 회개하라고 선지자를 먼저 보낸다. 선지서는 말씀의 길이에 따라 5권의 대선지서와 12권의 소선지서로 나눈다.

대선지서는 〈이사야〉, 〈예레미야〉, 〈예레미야 애가〉, 〈에스겔〉, 〈다니엘〉이다. 소선지서는 앗수르와 바벨론 및 바사 제국을 포함하는 약 400년간의 역사를 기술한다. 이 중 3권(요나, 아모스, 호세아)은 북방 왕국을 향한 예언서고, 6권(오바댜, 요엘, 미가, 나훔, 스바냐, 하박국)은 남방 왕국을 향한 선지서다. 나머지 3권(학개, 스가랴, 말라기)은 바벨론 포로 귀환 이후의 선지서다.

〈말라기〉는 구약성경의 마지막 선지서다. 선지자 말라기는 BC 430년경 활동했으나 하나님은 말라기 이후 침묵하셨다가 400여 년이 지난 후 예수님이 등장하신다. 이 기간을 '침묵의 기간' 또는 '신구약 중간기'라고 부른다.

제2장
서로 사랑하라

1
하나님은 세상을
얼마나 사랑하실까

"예수님은 어느 가문에서 태어나셨을까?"

신약성경의 첫 책인 마태복음은 족보를 소개하면서 시작된다. "아브라함과 다윗의 자손 예수 그리스도의 계보라." 이스라엘 사람들이 자랑하는 믿음의 조상 아브라함과 다윗 왕의 족보에서 예수님이 탄생하신 것이다. 다윗 왕가의 후손이니 예수님은 세상적으로 보면 왕손인 셈이다.

"하나님의 아들 예수 그리스도의 복음의 시작이라." 신약성경의 두 번째 책인 마가복음은 예수님을 하나님의 아들로 설명한다. 하나님의 아들로 세상에 오신 것이다. 또 하나의 뿌리는 하나님 족보다. 전능하신 하나님의 아들이니 세상에 오시는 것도 달랐다. 성령으로 잉태하여 동정녀 마리아에게 탄생하셨다. 동정녀 탄생은 이미 선지자 이사야가 "보라 처녀가 잉태하여 아들을 낳을 것이요. 그의 이름을 임마누엘이라 하리라"고 예언했다. 하나님의 아들과 동정녀 탄생이 바로 예수님의 신성을 의미한다. 인성으로는 다윗의 자손이고 신성으로는 하나님의 아들이다. 여기서 믿음의 문제가 생긴다. 히브리적 사고로 보면 인성과 신성을 지닌 예수님은 문제가 되지 않는다. 그러나 헬라적 사고로 생각하면 갈등의 순간이 되기도 한다.

예수님은 BC 4년 이스라엘 베들레헴 마구간에서 비천한 모습으로 탄생하셨다. 그러면 예수님은 언제부터 계셨을까. 요한복음은 예수님이 태초부터 존재하셨다고 소개한다.

> † 태초에 말씀이 계시니라. 이 말씀이 하나님과 함께 계셨으니, 이 말씀
> 은 곧 하나님이시니라. 그가 태초에 하나님과 함께 계셨고, 만물이 그
> 로 말미암아 지은 바 되었으니 지은 것이 하나도 그가 없이는 된 것이
> 없느니라(요한복음 1:1–3)

예수님이 처음부터 먼저 존재하셨다는 선재론(先在論)이다. 예수님이 태초에 하나님과 함께 계셨을 뿐만 아니라 천지창조에도 관여하셨다는 뜻이다. 예수님이 하나님의 아들이심을 정확하게 알아본 사람은 누구일까. 구약의 마지막 선지자 세례요한이다. 요한은 예수님의 길을 안내하는 역할을 감당했다. 요한은 선지자 이사야의 예언을 인용하여 "주의 길을 준비하라. 그가 오실 길을 곧게 하라"고 외치고 다녔다.

예수님이 요단강에서 요한에게 세례를 받으려고 할 때 요한이 놀라서 말한다.

"내가 당신에게서 세례를 받아야 할 터인데 당신이 내게로 오시나이까."

예수님께서 "이제 허락하라. 우리가 이와 같이 하여 모든 의를 이루는 것이 합당하니라"고 말씀하시고 겸손하게 세례를 받으셨다.

예수님이 세례를 받으시고 물에서 올라오실 때 하늘이 열리고 하나님의 성령이 비둘기 같이 내려 하나님이 말씀하셨다.

"이는 내 사랑하는 아들이요. 내 기뻐하는 자라."

요한은 겸손하게 예수님을 높였다.

"나보다 능력 많으신 이가 내 뒤에 오시나니, 나는 굽혀 그의 신발끈을 풀기도 감당하지 못하겠노라. 나는 너희에게 물로 세례를 베풀었거니와 그는 너희에게 성령으로 세례를 베푸시리라."

요한은 또 "그는 흥하여야 하겠고 나는 쇠하여야 하리라"며 예수님의 위상을 스스로 인정했다. 예수님도 세례 요한을 "여자가 낳은 자 중에 세례 요한보다 큰 이가 일어남이 없도다"라고 높이 평가해주셨다. 하나님의 아들 예수님의 공생애, 즉 공적인 활동은 이렇게 시작되었다.

하나님은 인간을 얼마나 사랑하셨을까. 요한복음 3장 16절에 잘 나타나 있다.

† 하나님이 세상을 이처럼 사랑하사 독생자를 주셨으니, 이는 그를 믿는 자마다 멸망하지 않고, 영생을 얻게 하려 하심이라(요한복음 3:16)

하나님이 세상을 너무나 사랑하셔서 죄와 사망의 고통에 신음하는 인간을 구원하기 위해 하나님의 아들을 세상에 보내셨다. 이것은 멸망하지 않고 영원히 사는 영생을 얻게 하기 위함이다. 예수님은 세례를 받으신 후 성령이 예수님을 광야로 몰아내시어 40일 동안 금식하시면서 사탄에게 시험을 받으셨다.

첫 번째 시험은 "네가 만일 하나님의 아들이어든 명하여 이 돌들로 떡덩이가 되게 하라"고 유혹했다. 두 번째 시험은 예수님을 거룩한 성으로 데려다가 성전 꼭대기에 세우고 "네가 만일 하나님의 아들이어든 뛰어내리라"고 시험했다. 세 번째 시험은 마귀가 예수님을 데리고 높은 산으로 가서 천하만국과 그 영광을 보이면서 "만일 내게 엎드려 경배하면 이 모든 것을 네게 주리라"고 유혹했다.

예수님은 성경 말씀을 인용하여 사탄의 시험을 단호하게 물리치셨다. 시험을 이기신 예수님은 어부 베드로와 안드레를 제자로 삼고 "나를 따라오라. 내가 너희를 사람을 낚는 어부가 되게 하리라"고 하시며 12명의 제자들을 모으셨다. 예수님은 어떤 일을 하셨을까.

† 예수께서 온 갈릴리에 두루 다니사, 그들의 회당에서 가르치시며, 천
  국 복음을 전파하시며, 백성 중의 모든 병과 모든 약한 것을 고치시니
  (마태복음 4:23)

예수님은 하늘나라의 복음을 가르치시고 전파하시고 사람들
의 모든 병을 고쳐주셨다. 가르치고 전파하고 고치시는 역할을
감당하셨다.

2

마음과 목숨과 뜻을 다하여
하나님을 사랑하라

사랑, 기독교 하면 가장 먼저 떠오르는 단어다. 기독교를 사랑의 종교라고 부르는 이유다. 그 근거가 어디에서 왔는가. 당시의 종교 지도자인 한 율법사가 예수님을 찾아와 "율법 중에서 어느 계명이 큽니까?"라고 질문하자 첫째가 "하나님에 대한 사랑"이라고 대답하셨다.

† 네 마음을 다하고 목숨을 다하고 뜻을 다하여 주 너의 하나님을 사랑
하라(마태복음 22:37)

그리고 두 번째로 이웃 사랑을 제시한다.

† 네 이웃을 네 자신 같이 사랑하라(마태복음 22:39)

여기서 예수님은 율법의 핵심은 사랑이고, 그 사랑에는 '하나님 사랑'과 '이웃 사랑'이 있다고 정리해주셨다. 구약성경을 단두 마디로 요약해주신 것이다. 당시에 이스라엘 백성은 십계명을 가졌을 뿐만 아니라 613개의 율법 조항들을 붙들고 있었다. 이 계명들을 모두 지키는 게 얼마나 어려웠겠는가. 그런데 예수님께서 이처럼 복잡하고 어려운 율법 문제를 하나님 사랑과 이웃 사랑으로 명쾌하게 설명해주셨다.

스티븐 코비 박사는 『소중한 것을 먼저 하라』에서 "일을 할 때 속도보다 올바른 방향이 중요하다"면서 "긴급한 일에만 얽매이지 말고 중요한 일에 우선순위를 두라"고 권면한다. 우리는 하루에도 몇 번씩 크고 작은 일을 결단하면서 살아간다. 중요한 일과 중요하지 않은 일을 구분하면서 자신의 우선순위를 점검할 필요가 있다.

"하나님은 내 인생에서 가장 소중한 분이신가?"

"나는 마음과 목숨과 뜻을 다하여 하나님을 사랑하는가?"

하나님은 우리가 핵심을 붙들고 가면 부차적인 것들은 다 해결해주신다고 말씀하신다. 여기서 예수님의 하나님 사랑은 구약성경 신명기에 나오는 말씀을 인용하신 것이다.

† 이스라엘아 들으라. 우리 하나님 여호와는 오직 유일한 여호와이시니.
너는 마음을 다하고 뜻을 다하고 힘을 다하여 네 하나님 여호와를 사

랑하라(신명기 6:4-5)

  기독교는 듣는 종교다. 성경에 하나님의 말씀이 쓰여 있으니 그것을 들으라는 것이다. 하나님은 유일한 분이시니 하나님을 전심으로 사랑하라고 말씀하신다. 마음과 뜻과 힘을 다한다는 것은 무슨 의미인가. 그야말로 하나님께 집중하는 것이다. 하나님을 마음으로 사랑하고 하나님을 알고 실천하기 위해 지성과 감성 모든 것을 활용하여 하나님을 전심전력으로 사랑하는 것이다.

  미국의 케빈 드영 목사는 『십계명』에서 십계명의 제1계명인 "너는 나 외에는 다른 신들을 네게 두지 말라"는 말씀의 핵심은 사랑이라고 설명한다.

  "하나님을 진정으로 사랑한다면 사람이나 사물을 그분보다 더 사랑해서는 안 된다. 이것이 쉐마(Shema)가 이스라엘 백성에게 그토록 중요했던 이유다. 사랑은 애정이요, 또한 결단이다. 쉐마는 하나님의 백성에게 오직 여호와만을 하나님으로 선택하도록 요구했다. 우리가 하나님을 선택한 이유는 그분이 먼저 우리를 선택하셨기 때문이다. 따라서 우리는 다른 모든 것을 버리고 하나님께 온전히 헌신해야 한다. 하나님과의 관계는 '둘 다'를 용납하지 않는다. 오직 하나님만이 하나님이시기 때문에 그분만을 사랑하고 예배해야 한다."

하나님을 어떻게 사랑할 수 있을까. 하나님을 전적으로 믿는 것이다. 소망교회 김경진 목사는 〈하이델베르크 요리문답 강해〉에서 참된 믿음은 하나님에 대한 '확실한 지식'과 '온전한 신뢰'라고 소개한다. 하나님의 말씀을 믿고 알고 받아들이는 것이다. 먼저 하나님의 말씀을 아는 것이 중요하다.

예수님은 광야에서 사탄의 시험을 받으시면서 사탄이 "네가 만일 하나님의 아들이어든 명하여 이 돌들로 떡덩이가 되게 하라"고 했을 때 "사람이 떡으로만 살 것이 아니요. 하나님의 입으로부터 나오는 모든 말씀으로 살 것이라"고 답하셨다. 말씀으로 사탄의 유혹을 물리치신 것이다. 우리가 매일 밥을 먹듯이 영의 양식인 말씀을 함께 먹지 않으면 안 된다. 말씀을 어떻게 밥처럼 먹을 수 있을까.

첫째, 성경 말씀을 읽어야 한다. 둘째, 읽은 말씀을 묵상하는 경건의 시간(QT: Quiet Time)이 필요하다. '말씀의 의미가 무엇일까. 오늘 나에게 주시는 메시지는 무엇일까'를 생각해야 한다. 신앙이란 기독교인들이 '믿음의 주요 또 온전하게 하시는 이인 예수'를 바라보면서 부족한 부분은 회개하고 기도하며 다시 힘을 얻어 나아가는 것이다.

3

이웃을 네 자신 같이
사랑하라

이웃을 사랑하라. 예수님이 강조한 율법의 두 번째 핵심 내용이다.

† 네 이웃을 네 자신 같이 사랑하라(마태복음 22:39)

예수님 말씀은 먼저 자기 자신에 대한 사랑을 포함하고 있다. 예수님은 하나님의 형상을 닮은 인간 한 사람 한 사람을 천하보다 귀한 존재로 여기신다. 인간은 자기중심으로 생각하고 움직인다. 예수님이 우리에게 자신을 얼마나 사랑하는가를 상기시킨 이유다. 그래서 내 몸을 사랑하는 방식으로 이웃을 사랑하라고 말씀하신다. 자기를 사랑하지 않는 사람이 어떻게 남을 사랑할 수 있겠는가. 자신을 사랑하는 사람이 다른 사람도 사랑할 수 있다. 사랑도 배우는 것이다. 사랑을 받아본 사람이 다른 사람을 사랑할 수 있다.

"네 이웃을 사랑하라." 여기에는 두 가지 질문이 생긴다. 나의 이웃은 누구인가? 이웃을 어떻게 사랑해야 하는가? 놀랍게도 성경에 이 질문을 한 사람이 있다. 예수님을 찾아온 율법교사다. 그 율법교사가 "그러면 내 이웃이 누구입니까?"라고 질문하자 예수님은 잘 알려진 선한 사마리아인 이야기를 소개하신다.

어떤 사람이 예루살렘에서 여리고로 내려가다가 강도를 만났다. 강도들이 옷을 벗기고 때려서 심한 상처를 입고 거의 죽을 지경이 된 그 사람을 길거리에 내팽개치고 도망갔다. 제사장이 현장을 목격했으나 피하여 지나갔다. 성전 봉사를 담당하는 레위인도 그를 보고 모른 체하며 지나쳐버렸다. 그때 여행 중이던 사마리아인이 다친 사람의 상처를 싸매고 주막으로 데려가 주인에게 돌봐주라며 돈까지 주었다.

† 어떤 사마리아 사람은 여행하는 중 거기 이르러 그를 보고 불쌍히 여겨 가까이 가서 기름과 포도주를 그 상처에 붓고 싸매고, 자기 짐승에 태워 주막으로 데리고 가서 돌보아 주니라. 그 이튿날 그가 주막 주인에게 데나리온 둘을 내어 주며 이르되, 이 사람을 돌보아 주라. 비용이 더 들면 내가 돌아올 때에 갚으리라(누가복음 10:33-35)

예수님의 이야기를 들은 율법교사는 어떤 기분이었을까. 상당히 당황했을 것 같다. 제사장과 레위인은 당시에 신앙심이 깊다고 평가받는 종교 지도자였다. 반면에 사마리아인은 유대인으로부터 혼혈인이라며 경멸당하고 천시받는 미천한 존재였다. 예수님과 율법교사의 대화는 계속된다.

> ✝네 생각에는 이 세 사람 중에 누가 강도 만난 자의 이웃이 되겠느냐. 이르되 자비를 베푼 자니이다. 예수께서 이르시되 가서 너도 이와 같이 하라(누가복음 10:36-37)

영국의 존 놀랜드 교수는 『누가복음』에서 사마리아인의 의미를 실감나게 설명한다.

"사마리아인의 등장은 비극의 역전에 대한 신호탄이다. 사마리아인은 강도 만난 자의 곤경에 처한 상황을 자기 일처럼 여겨서 도와주지 않으면 안 된다는 생각을 갖게 된다. 유대인들은 원칙적으로 가증스러운 사마리아인으로부터 그 어떤 도움도 받지 않겠다고 생각했을 것이다. 그러나 여기서 상황의 극단적인 절박성은 결국 부차적인 것에 불과한 많은 것을 벗겨내고, 우리는 비록 사마리아인일지라도 그로부터 마침내 도움이 왔다는 것에 대하여 기뻐하게 된다."

이제 '선한 사마리아인'이라는 말은 남을 위해 노력하는 사람을 가리키는 일상적인 표현이 되었다. 선한 사마리아인은 바쁜 일상에 쫓기는 현대인들에게 이웃을 생각하게 만드는 귀중한 사례다. 분주하게 하루를 지내다 보면 강도 만난 사람을 모른 체하고 지나간 제사장이나 레위인과 다름이 없다는 것을 느낄 때가 있다. "누가 당신의 이웃입니까?" 율법교사의 질문이 들려오는 듯하다. 선한 사마리아인이 생각나는 한 이웃 사랑의 따뜻한 온기는 계속될 것이다.

하나님 사랑과 이웃 사랑. 예수님께서 명쾌하게 율법을 정리해주신 내용이다. 하나님을 사랑하고 이웃을 사랑하는 지름길은 무엇일까. 그것은 예수님 안에 모든 것이 있다고 인식하는 것이다.

"예수님은 누구인가?" 사랑 자체이신 예수님을 아는 것이 중요하다. 아는 만큼 보이기 때문이다. 예수님을 알아가면 갈수록 파스칼이 했던 말을 공감하게 된다. "인간의 마음에는 하나님이 만드신 공백이 있다. 이 공백은 예수 그리스도로 채우기 전에는 어떤 것으로도 채워지지 않는다."

이번 장 '서로 사랑하라'에서는 복음서를 중심으로 예수님이 이 땅에 오셔서 하신 말씀과 기적들 그리고 십자가의 고난과 부활을 살펴본다.

4
형제를 보고 노하는 자마다
심판을 받는다

'기독교의 대헌장', '기독교 윤리의 근본', '성경 중의 성경'이라고 불리는 산상수훈은 예수님이 산에 올라가 설교하신 말씀으로 마태복음 5~7장에 수록되어 있다. 산상보훈 또는 산상설교라고도 한다. 기독교 최고의 윤리 행위에 대한 예수님의 가르침을 집약적으로 알려준다. 팔복, 소금과 빛, 원수사랑, 주기도문, 황금률, 집 짓는 자 비유 등은 일반인에게도 잘 알려진 유명한 말씀들이다. 산상수훈은 하나님의 백성들에게 주신 새 율법이며 새 기준인 셈이다. 산상수훈이 전 세계적으로 미친 영향력은 감히 상상할 수 없을 정도다. 인도의 성자 간디도 산상수훈을 좋아했고, 간디의 비폭력주의 역시 산상수훈의 영향을 받았다고 전해진다.

"산상수훈은 구약성경의 십계명과 어떤 관계일까?"

산상수훈은 '십계명의 심화과정'이라고 할 수 있다. 살인하지 말라는 말씀은 십계명 중 제6계명에 해당된다. 십계명에서는 살인행위 자체를 정죄한다. 그러나 예수님은 살인 행위의 근원이 되는 마음의 분노와 욕설과 경멸까지 확대하여 문제를 삼고 계신다.

> † 옛 사람에게 말한 바 살인하지 말라. 누구든지 살인하면 심판을 받게 되리라 하였다는 것을 너희가 들었으나, 나는 너희에게 이르노니 형제에게 노하는 자마다 심판을 받게 되고, 형제를 대하여 라가라 하는 자는 공회에 잡혀가게 되고, 미련한 놈이라 하는 자는 지옥 불에 들어가게 되리라(마태복음 5:21-22)

에스라성경대학원대학교 양용의 교수는 『마태복음 어떻게 읽을 것인가』에서 이렇게 해석한다.

"라가(골빈 놈)나 바보는 그렇게 대단한 욕설이 아니다. 하지만 아무리 사소한 욕설이라 할지라도 그러한 욕설을 사용하는 것은 상대방에 대한 증오심을 드러내 보여준다. 이처럼 형제에게 화를 내는 것과 증오심을 표현하는 것이 인간 법정에서는 살인 행위와 동등한 유죄 판결을 받지 않는다. 하지만 예수님은 이러한 분노와 사소한 욕설까지도 제자에게는 살인행위에 해당하는 유죄 판결 요건이 된다고 단호히 선언하신다."

예수님은 인간의 내면을 중요시한다. 사소한 분노와 욕설은 처음에는 미약하지만 살인의 동기가 될 수 있으므로 마음 관리가 중요하다고 역설하신다.

　예수님은 십계명의 제7계명인 "간음하지 말라"에 대해서도 근본적인 해석을 하신다.

　　† 또 간음하지 말라 하였다는 것을 너희가 들었으나, 나는 너희에게 이
　　　르노니 음욕을 품고 여자를 보는 자마다 마음에 이미 간음하였느니라

　　　(마태복음 5:27-28)

　구약의 율법은 겉으로 드러나는 간음 행위 자체를 정죄했다. 그러나 예수님은 사람의 마음속까지 들어가셔서 음욕을 품고 여자를 보는 것 자체가 이미 간음한 것이라고 해석하셨다. 예수님은 겉으로 드러난 행동보다는 마음속의 생각이 더욱 중요하다고 여기시고 율법의 진정한 의미를 한층 더 높은 차원으로 끌어올리셨다.

　성경에서 가장 부담되는 구절이 무엇일까. 아마도 "너희 원수를 사랑하라"는 말씀이 아닐까 생각된다. 사랑의 절정이 어디일까. 바로 원수까지 사랑하라는 말씀이다.

　　† 너희 원수를 사랑하며 너희를 박해하는 자를 위하여 기도하라(마태복
　　　음 5:44)

사실 예수님의 사랑의 말씀에 수긍하다가도 여기에 이르면 망설이게 된다. 우리를 사랑하는 사람을 사랑하는 것은 어렵지 않다. 우리 삶 속에서 대부분의 사랑은 사랑하는 사람을 사랑하는 일이다. 하지만 우리를 힘들게 만들고 고통을 준 사람을 사랑할 수 있을까.

원수를 사랑한 아름다운 이야기는 사랑의 원자탄으로 불리는 손양원 목사가 있다. 손 목사는 전남 여수에서 한센병 환자를 돌보는 목회를 하고 있었다. 해방 이후 정국이 어수선한 가운데 여수 순천 반란 사건 때 공산 폭도에 의해 자신의 두 아들을 잃었다. 붙잡힌 공산 폭도는 사형선고를 받았다.

손 목사는 재판장에게 딸을 보내 "그 살인자를 양아들로 삼고자 하니 사형시키지 말고 놓아주세요"라고 간청하도록 했다. 그러나 딸은 도저히 이해할 수 없어 울면서 따져 물었다.

손 목사는 울부짖는 딸에게 이렇게 말했다.

"내가 일제시대 5년간이나 가족을 고생시켜가며 감옥생활을 견딘 것도 우상숭배하지 말라는 주님의 계명을 어기지 않으려고 한 일이었다. 제1계명, 제2계명이 하나님의 명령이라면 원수를 사랑하라는 말씀도 똑같은 하나님의 명령인데 어느 것은 순종하면서 어느 것은 순종하지 않는다면 그보다 더 큰 모순이 어디 있겠느냐? 원수를 사랑하라는 말씀에 순종하지 않으면 5년 동안 감옥생활 한 것이 모두 다 헛수고요, 너희를 고생시킨 것도 헛고생이 되는 것이니 나는 여기서 넘어질 수가 없구나. 두 오빠는 천국 갔으나 그를 죽인 자는 지옥 갈 게 분명한데 전도하는 목사로서 그 사람이 지옥 가는 것을 어떻게 보고 있으란 말이냐."

손양원 목사는 한국 기독교의 자랑이며 희망이다. 손 목사의 사랑의 실천이 있었기에 예수님의 말씀이 오늘날에도 살아서 역사하는 것을 느낄 수 있다. 손 목사에 대해서는 이미 영화와 오페라로 제작되었다. 공영방송인 KBS TV에서도 〈죽음보다 강한 사랑〉이란 제목으로 1시간짜리 다큐멘터리를 만들어 방영했을 만큼 종교를 떠나 사랑의 대표적인 인물로 존경받고 있다.

예수님께서 왜 원수를 사랑하라고 하셨을까. 원수와 박해하는 자를 미워하면 어떻게 될까. 미워하는 마음이 자기 자신을 지옥으로 만들어 버린다. 그래서 예수님은 원수와 박해하는 자를 미워하는 대신에 그들을 위하여 기도하라고 말씀하셨다. 끊임없이 기도할 때 하나님이 함께하셔서 우리의 마음을 평안하게 해주시고 선한 길로 인도해주시기 때문이다.

5
남에게 대접을 받고자 하는 대로 남을 대접하라

"황금률(Golden Rule)이 무엇인가요?"

"기독교인이 세상을 살아가면서 대인 관계에서 가장 염두에 두어야 할 원칙으로 황금과도 같이 변하지 않는 소중한 진리라는 뜻입니다."

"황금률은 예수님이 산상수훈에서 말씀하신 마태복음 7장 12절을 말합니다."

> † 무엇이든지 남에게 대접을 받고자 하는 대로 너희도 남을 대접하라.
> 이것이 율법이요 선지자니라(마태복음 7:12)

이 말씀은 초대교회 시절부터 황금률이라고 불리었다. 예수님의 도덕적 가르침 중에 가장 빛나는 말씀으로 간주되었기 때문이다. 나아가 구약성경 전체의 요약이라고 할 수 있다. 예수님은 구약의 율법 조항을 하나님 사랑과 이웃 사랑으로 축약하셨다.

황금률은 하나님과의 관계에 대해서도 그대로 적용할 수 있다. 하나님께 대접받고 싶으면 하나님을 하나님답게 대접해야 한다. 하나님은 인간과 더불어 인격적 교제를 나누는 인격체이시기 때문이다. 구약성경에서 하나님은 기회 있을 때마다 "나를 존중히 여기는 자를 내가 존중히 여기고, 나를 멸시하는 자를 내가 경멸하리라"고 경고하셨다. 하나님의 인간에 대한 존중과 멸시는 상호 의존성이 있음을 강조하고 계신다.

예수님께서도 "누구든지 사람 앞에서 나를 시인하면 나도 하늘에 계신 내 아버지 앞에서 그를 시인할 것이요. 누구든지 사람 앞에서 나를 부인하면 나도 하늘에 계신 내 아버지 앞에서 그를 부인하리라"고 말씀하셨다. 하나님께 인정받고 싶으면 하나님을 먼저 인정해야 한다. 우리가 하나님을 멸시하면 우리는 자연스럽게 하나님께 멸시받을 수밖에 없다.

이웃 관계도 마찬가지다. 이웃에게 사랑받고 싶으면 이웃을 먼저 사랑해야 한다. 칭찬받고 싶으면 이웃을 칭찬해야 한다. 존경받고 싶으면 남을 존경해야 한다. 『칭찬은 고래도 춤추게 한다』는 책도 있지 않는가. 칭찬은 고래도 춤추게 하는데 하물며 사람은 오죽하겠는가. 칭찬은 그만큼 힘이 있다. 미국의 심리학자 윌리엄 제임스는 "인간의 욕구 중에서 가장 강렬한 것은 다른 사람들로부터 인정받고 싶은 욕구"라고 말했다.

그러나 인간은 참 묘한 점이 있다. 자신은 칭찬받고 싶어 하면서 남을 칭찬하는 데는 인색하다. 코칭과 리더십을 교육할 때 "일주일 동안 매일 가족에게 한 가지씩 칭찬하기" 숙제를 내주면 칭찬하기 힘들어하는 사람들이 의외로 많다. "자녀는 칭찬할 게 많아요. 그런데 아내는 아무리 칭찬을 하고 싶어도 칭찬할 게 보이지 않아요"라고 대답하며 힘들어하는 사람도 있다.

† 비판을 받지 아니하려거든 비판하지 말라. 너희가 비판하는 그 비판으로 너희가 비판을 받을 것이요. 너희가 헤아리는 그 헤아림으로 너희가 헤아림을 받을 것이니라(마태복음 7:1-2)

다른 사람을 비판하면 비판받게 되어 있다. 내가 비판받고 싶지 않으면 다른 사람을 비판하지 말아야 한다. 자기가 옳고 상대방은 틀렸다고 생각하니까 비판의 칼을 휘두르게 된다. 예수님은 "어찌하여 형제의 눈 속에 있는 티는 보고 네 눈 속에 있는 들보는 깨닫지 못하느냐"고 질타하신다. 자신에게 관대하고 다른 사람에게 엄격한 까닭에 서슴없이 비판하게 된다.

이 황금률은 하나님 사랑과 이웃 사랑을 관통하고 있다. 십자가를 보면 많은 것을 떠오르게 한다. 십자가가 궁극적으로 상징하는 것도 사랑이다. 하나님의 사랑을 보여주는 표징이 십자가다. 십자가는 수직적인 관계와 수평적인 관계가 만나는 곳이다. 수직적인 관계는 하나님과의 사랑을 말하고, 수평적인 관계는 이웃과의 사랑을 의미한다.

십자가 정신은 사회생활에서도 유용하다. 사회에서는 전문성과 다양성을 갖춘 T자형 인재를 원한다. 나는 청년들을 위한 강의를 할 때 "기독교인은 T자형 인재에 영성을 추가하여 '십(十)자형 인재'가 되어야 한다"고 강조한다. 십자형 인재가 되어 상하 좌우로 대화하는 십자형 소통을 하면 사회에서 빛과 소금의 역할을 감당할 수 있다. 인공지능이 중시되는 4차산업혁명시대에 필요한 인재는 공감능력과 창의적 상상력을 갖추어야 하기 때문이다. 십자가를 바라보며 십자형 인재, 십자형 소통을 추구하면 황금률을 잘 적용하는 창의적인 인재가 될 수 있다.

6
나병 환자를 깨끗하게
고치시다

예수님은 산상설교를 마치신 후 산에서 내려오셨다. 그 후에 먼저 하신 일이 무엇일까. 병을 고치시는 일이었다. 마태복음에서 첫 번째 병 고침의 주인공은 나병 환자였다. 한 나병 환자가 예수님께 나아와 절하며 "주여 원하시면 저를 깨끗하게 하실 수 있나이다"라고 외쳤다. 예수님께서 손을 내밀어 말씀하셨다.

† 내가 원하노니 깨끗함을 받으라 하시니, 즉시 그의 나병이 깨끗하여진 지라(마태복음 8:3)

왜 나병 환자를 먼저 고쳐주셨을까. 당시에 나병은 인간의 힘으로 고칠 수 없는 불치의 병이었다. 하나님의 징벌과 연관된 질병으로 여겨졌고 감염되기 때문에 사회에서 철저하게 격리

되어 살아야 했다. 나병 환자는 찢어진 옷을 입고 머리를 풀어 헤친 모습으로 길을 갈 때 "부정하다, 부정하다"라고 외치면서 다니지 않으면 안 되었다. 이런 나병 환자가 예수님께 나아와서 예수님의 능력을 믿고 병을 고쳐달라고 간청했다. 예수님은 즉시 나병을 고쳐주셨다.

예수님은 나병 환자를 고치시는 것을 포함하여 많은 기적을 일으키셨다. 중풍병자, 베드로의 장모의 열병, 귀신 들린 사람, 관리의 딸, 혈루증 앓는 여인, 맹인, 벙어리를 고쳐주셨다. 예수님은 병을 고치시는 것뿐만 아니라 자연을 순종하게 하는 기적도 행하셨다. 예수님이 배에 오르고 제자들이 따르더니 바다에 큰 놀이 일어나 배가 물결에 덮였다. 다급한 제자들이 주무시는 예수님을 깨우며 "주여 구원하소서. 우리가 죽겠나이다"라고 외쳤다.

† 어찌하여 무서워하느냐. 믿음이 작은 자들아 하시고, 곧 일어나사 바람과 바다를 꾸짖으시니, 아주 잔잔하게 되거늘(마태복음 8:26)

예수님은 무서워하는 제자들을 보시고 믿음이 작은 자들이라고 야단치셨다. 예수님과 함께 있으면서 폭풍과 바다와 죽음을 무서워했기 때문이다. 무서움과 걱정 같은 두려움은 믿음을 약화시키고 작게 만드는 요인이며 예수님을 전적으로 믿지 않는다는 증거이기도 하다. 그러나 바다가 잔잔해지는 것을 본 제자들은 "이 이가 어떠한 사람이기에 바람과 바다도 순종하는 가" 하면서 예수님에 대한 믿음이 더욱 커지는 계기가 되었다.

예수님의 기적을 하나 더 살펴보자. 예수님이 움직이는 곳에는 병든 자들이 따라 다녔다. 두 맹인이 따라오며 "다윗의 자손이여, 우리를 불쌍히 여기소서"라고 외쳤다. 예수님이 이들을 향해 "내가 능히 이 일을 할 줄을 믿느냐"고 물으니 "주여 그러하오이다"라고 대답했다.

> † 너희 믿음대로 되라 하시니, 그 눈들이 밝아진지라. 예수께서 엄히 경고하시되, 삼가 아무에게도 알리지 말라 하셨으나, 그들이 나가서 예수의 소문을 그 온 땅에 퍼뜨리니라(마태복음 9:29-31)

예수님은 치유의 기적을 행하시면서 믿음을 보시고 "믿음대로 되라"고 하셨다. 너희 믿음이 병을 고치게 했다며 자존감을 높여주셨다. 믿음과 기적은 실과 바늘처럼 늘 함께 다녔다.

예수님의 천국 말씀과 기적에 대한 소문은 삽시간에 퍼져 나갔다. 당시 감옥에 갇혀 있던 세례 요한이 소문을 듣고 제자들을 예수님께 보내 "오실 그이가 당신입니까? 아니면 우리가 다른 이를 기다려야 합니까?"라고 물었다. 예수님은 제자들에게 "너희가 가서 듣고 보는 것을 요한에게 알려주라"며 이렇게 말씀하셨다.

> † 맹인이 보며, 못 걷는 사람이 걸으며, 나병 환자가 깨끗함을 받으며, 못 듣는 자가 들으며, 죽은 자가 살아나며, 가난한 자에게 복음이 전파된다 하라(마태복음 11:5)

　예수님이 움직이면 사람들이 몰려들었다. 예수님이 갈릴리 호수의 빈들에 있을 때 제자들은 따라 온 무리의 저녁식사가 걱정되어 "무리를 보내어 들어가 먹을 것을 사 먹게 하소서"라고 말씀드렸다. 예수님은 "갈 것 없다. 너희가 먹을 것을 주라"고 간단히 대답하셨다. 당황한 제자들은 "여기 우리에게 있는 것은 떡 다섯 개와 물고기 두 마리뿐"이라며 난감한 표정을 지었다. 예수님은 "그것을 내게 가져오라"고 하셨다.

> † 무리를 명하여 잔디 위에 앉히시고, 떡 다섯 개와 물고기 두 마리를 가지사, 하늘을 우러러 축사하시고, 떡을 떼어 제자들에게 주시매 제자들이 무리에게 주니, 다 배불리 먹고 남은 조각을 열두 바구니에 차게 거두었으며, 먹은 사람은 여자와 어린이 외에 오천 명이나 되었더라 (마태복음 14:19-21)

　유명한 '오병이어의 기적'이다. 4대 복음서에는 35개의 기적 사건이 나온다. 예수님은 사람을 불쌍히 여기실 때 기적을 행하셨다. 인간이 당하는 고난과 고통을 마음 아파하시면서 사랑하셨기에 자유를 주시려고 기적을 일으키신 것이다.

총신대 정훈택 교수는 『쉬운 주석 마태복음』에서 예수님이 보여주신 기적 사건은 세 가지의 의미가 있다고 설명한다.

"첫째, 사람들에게 예수님을 하나님의 아들, 그리스도로 알려주는 계시의 역할을 한다. 둘째, 당사자들에게 하나님의 은혜를 베푸는 도구의 역할을 한다. 셋째, 당사자를 제외한 사람에게는 그리스도에게로 부르시는 도구의 역할을 한다."

7

죄 없는 자가 먼저
돌로 치라

예수님의 말씀은 쉽고 재미있다. 예수님은 비유를 통해서 많은 이야기를 해주셨다. 서기관과 바리새인들은 늘 예수님을 시험하여 올무에 빠뜨릴 궁리를 했다. 그때마다 예수님은 기가 막힌 지혜와 비유를 사용하여 위기의 순간들을 넘기셨다. 예수님은 씨 뿌리는 비유, 좁은 문, 겨자씨, 밭에 감추어진 보화, 잃어버린 양, 포도원 품꾼, 달란트 등 38개의 비유를 말씀하셨다.

예수님은 왜 비유로 말씀하셨을까. 미국의 존 맥아더 목사는 『하나님 나라의 비유』에서 "예수님의 비유는 심오한 영적 교훈을 담고 있는 간결하면서도 독창적인 그림 언어"라면서 이중적인 목적을 지녔다고 설명한다.

"비유는 스스로 의롭다고 생각하고 만족하는 사람들, 예수님의 가르침을 받아들이기에는 스스로가 너무 훌륭하다고 생각하는 사람들에게는 진리를 감추고, 어린아이와 같은 믿음으로 열심히 가르침을 받아들인 사람들, 곧 의에 주리고 목마른 사람들에게는 진리를 나타냈다. 이런 두 가지 결과에 대해 하나님께 감사드렸다. '천지의 주재이신 아버지여, 이것을 지혜롭고 슬기 있는 자들에게는 숨기시고, 어린 아이들에게는 나타내심을 감사하나이다. 옳소이다. 이렇게 된 것이 아버지의 뜻이니이다'."

예수님의 직접 비유는 아니지만, 비유에 가까울 정도로 기지와 메시지를 전하는 두 개의 사건을 소개한다. 바리새인들은 예수님을 붙잡을 궁리 끝에 헤롯 당원들과 연합하여 황제에게 바치는 세금 문제를 들고 나왔다.

원래 바리새인들은 로마에 세금 바치는 문제를 부정적으로 생각했다. 반면에 헤롯 당원들은 로마 황제에게 아부하기 위해 세금 징수 문제를 지지하는 입장이었다. 평소에는 적대적이었으나 예수님을 붙잡는 문제에서만은 같은 입장이 되었다. 이들은 예수님께 "로마 황제인 가이사에게 세금을 바치는 것이 옳습니까? 옳지 않습니까?"라고 물었다. 바치라고 대답하면 바리새인들이 시비할 것이고, 바치지 말라고 대답하면 헤롯 당원들이 싫어할 상황이었다. 그야말로 진퇴양난의 순간이었다.

이때 예수님이 세금 낼 돈을 내게 보이라고 하니 이들은 로마 황제의 초상이 새겨진 은화 한 데나리온을 가지고 왔다. 이것을 보시고 예수님께서 말씀하셨다.

† 가이사의 것은 가이사에게, 하나님의 것은 하나님께 바치라(마태복음
  22:21)

  로마 당국에 우호적인 헤롯 당원들에게도 무난하고, 바리새
인들에게도 문제가 되지 않는 답변이었다. 위기의 순간을 지혜
롭게 빠져나가셨다. "역시 예수님이구나!" 하면서 예수님의 지
혜에 무릎을 치며 감탄하게 된다.
  또 하나의 사례는 서기관들과 바리새인들이 음행 중에 잡힌
여자를 끌고 와서 가운데 세우고 예수님께 질문하는 내용이다.

† 선생이여 이 여자가 간음하다가 현장에서 잡혔나이다. 모세는 율법에
  이러한 여자를 돌로 치라 명하였거니와 선생은 어떻게 말하겠나이까
  (요한복음 8:4-5)

  이 또한 교묘한 질문이다. 돌로 치라고 하시면 로마의 법을
어기고, 돌로 치지 말라고 하시면 모세의 율법을 어기는 난처
한 상황이기 때문이다. 예수님은 즉시 답변을 하지 않고 몸을
굽혀 손가락으로 땅에 무언가를 쓰셨다. 무슨 내용을 쓰셨는지
는 정확히 알 수 없다. 잠시 정적이 흐른 후에 일어나셔서 말씀
하셨다.

† 너희 중에 죄 없는 자가 먼저 돌로 치라(요한복음 8:7)

　예수님의 말씀을 듣고 살기등등하던 사람들은 양심에 가책을 느껴 들었던 돌을 살며시 내려놓았다. 어른으로 시작하여 젊은이까지 하나둘 조용히 자리를 떠났다. 이제 예수님과 여자만 남았다. 그리고 마지막 대화가 이어진다.

† 여자여 너를 고발하던 그들이 어디 있느냐. 너를 정죄한 자가 없느냐. 대답하되 주여 없나이다. 예수께서 이르시되 나도 너를 정죄하지 아니하노니, 가서 다시는 죄를 범하지 말라 하시니라(요한복음 8:10-11)

　어려운 질문에 정말 지혜와 기지가 넘치는 정답을 내놓으셨다. 이렇게 해서 예수님은 양쪽의 불만을 잠재우면서 올무에서도 여유롭게 빠져나올 수 있었다. 예수님의 기가 막힌 지혜를 보면 감탄하지 않을 수 없다. 어쩌면 이렇게 말씀하실 수 있을까. 한마디로 모든 상황을 종료시키지 않는가. 인간으로서 생각할 수 없는 탁월한 지혜가 아닐 수 없다. 정말 전율을 느끼게 된다.

8

제자들의 발을
씻겨 주시다

"치맛바람과 인사 청탁이 있었다."

예수님의 제자인 야고보와 요한의 어머니가 예수님께 치맛
바람을 일으켰다. 살로메라고 불리는 이 어머니는 예수님을 찾
아와서 정치 지도자가 되시면 자기 아들을 요직에 앉혀달라고
인사 청탁을 했다.

> † 나의 이 두 아들을 주의 나라에서 하나는 주의 우편에, 하나는 주의 좌
>   편에 앉게 명하소서(마태복음 20:21)

야고보와 요한의 어머니가 예수님께 인사 청탁 하는 모습을
목격한 제자들은 배신감을 느끼고 기분이 나빠져 분위기가 험
악해졌다. 예수님을 따라 오며 동고동락한 제자들은 이제 권력
을 차지할 날이 얼마 남지 않았다고 생각했다. 그런데 어머니

를 앞세워 치맛바람을 일으키는 야고보와 요한의 모습이 무척 못마땅해 보였다. 예수님은 기가 막히셨다. 갈릴리에서 사역을 마치면 예루살렘으로 올라가 십자가에 달려 고난을 받고 죽음을 향하여 가야 한다. 그런데 제자들은 전혀 다른 생각을 하고 있지 않는가. 예수님이 정치권력을 잡으면 그곳에서 자리를 차지하겠다는 권력욕구가 발동되고 있었다. 그야말로 동상이몽이었다. '선생님의 길'과 '제자의 길'은 달라도 너무나 달랐다.

> † 너희 중에 누구든지 크고자 하는 자는 너희를 섬기는 자가 되고, 너희 중에 누구든지 으뜸이 되고자 하는 자는 너희의 종이 되어야 하리라. 인자가 온 것은 섬김을 받으려 함이 아니라 도리어 섬기려 하고 자기 목숨을 많은 사람의 대속물로 주려 함이니라(마태복음 20:26-28)

예수님은 섬김을 받기 위해서 온 것이 아니라 섬기려고 왔다는 폭탄발언을 하셨다. 예수님을 따르면 정치 혁명을 통해 권력이 생기리라고 기대했던 제자들은 청천벽력이 아닐 수 없었다.

또한 예수님은 제자들의 발을 씻겨 주기 위해서 물과 수건을 준비하셨다. 당시 발을 씻겨 주는 일은 종들의 몫이었다. 예수님은 "내가 너희에게 행한 것 같이 너희도 행하게 하려 하여 본을 보였노라" 하면서 솔선수범하는 자세를 강조하셨다.

예수님께서 제자들의 발을 씻어주신 사례는 오늘날 섬김리더십으로 발전했다. 섬김리더십을 실천하기 위해서는 예수님이 제자들에게 "누구든지 나를 따라오려거든 자기를 부인하고 자기 십자가를 지고 나를 따를 것이니라"고 하신 것처럼 겸손한 자세가 필요하다. 또 예수님이 "지극히 작은 자 하나에게 한 것이 곧 내게 한 것이니라"고 하신 말씀과 같이 조건에 상관없이 사람의 인격을 존중하는 자세가 요구된다.

전 숙명여대 이경숙 총장은 섬김리더십을 실천하는 리더로 잘 알려져 있다. 이 총장은 숙명여대에서 4번이나 총장을 연임했다. 이 총장이 취임했을 때 학교는 빚더미 속에 있었고 무척 어려운 상황이었다.

그 당시 숙명여대는 학교발전기금으로 2억 원을 모은 게 전부였다. 그런데 이 총장은 1,000억 원을 목표로 모금을 시작했다. 처음엔 말이 되지 않는다며 교수와 직원들이 냉소적인 반응을 보였다. 그러나 이 총장은 굴하지 않고 섬김리더십을 바탕으로 꿈과 비전을 제시하면서 묵묵히 걸어갔다. 이 총장은 섬김리더십의 모델을 성경에서 찾았다.

"예수님이 제자들의 발을 씻어주는 모습은 섬김리더십의 좋은 사례이다. 자기를 높이는 사람은 낮아지고 자기를 낮추면 높아지는 진리를 이해할 필요가 있다. 섬김은 정직과 겸손, 언행일치에 뿌리를 둔다. 또한 타인에 대한 이해와 배려, 인내와 사랑을 바탕으로 한다. 섬김은 이기적인 경쟁과 갈등의 벽을 허물어 조화와 협력의 아름다운 관계를 맺는 출발점이다."

　이 총장은 총장실을 방문한 사람들을 누구든지 상관하지 않고 섬기는 자세로 엘리베이터 앞까지 와서 인사하고 마음과 뜻을 다하여 배웅했다. 교수와 직원들에게도 섬김리더십을 강조하며 솔선수범하여 학생들을 섬겼다. 이렇게 섬김리더십을 실천하여 숙명여대가 다시 기사회생하는 기적을 이루었다. 이 총장의 꿈과 비전에 동참하는 사람이 하나둘 늘어나면서 10년 만에 발전기금 1,000억 원의 목표를 달성할 수 있었다. 나는 이런 내용들을 담아서 『이경숙의 섬김리더십』이란 책을 발간했다.

　이 총장은 매일 새벽기도회에 참석하여 말씀을 듣고 중보기도를 하면서 하루를 시작한다. 학교를 떠난 후에도 대학의 제자들을 위한 멘토링을 실시하고 있다. 또 고등학교 후배를 위해 모교를 찾아가 고등학생들을 상대로 멘토링을 하면서 섬김리더십을 실천하고 있다.

9

베드로는 어떻게
수제자가 되었을까

"베드로가 없었다면 복음서는 좀 지루했을지 모른다."

베드로가 있어서 복음서는 재미있는 느낌이 든다. 예수님이 말씀하시면 즉시 반응을 보였기 때문이다. 이런 점에서 예수님 은 베드로가 믿음직스러웠다. 즉시 반응하고 야단맞고 다시 반 응하는 베드로가 있어서 예수님은 역동적으로 가르칠 수 있었 다. 베드로는 어부 출신이라 지식은 부족했지만, 앞뒤 가리지 않고 즉각적으로 행동에 옮겼다. 베드로가 예수님께 즉석에서 묻고 즉시 답하는 '즉문즉답'의 사례를 살펴보자.

어느 날 밤에 예수님이 바다 위를 걸어오셨다. 제자들이 놀라 "유령이다!"라고 외치며 무서워하자 예수님은 "안심하라. 나니 두려워하지 말라"고 하셨다. 예수님을 확인한 베드로가 "나를 명하사 물 위로 오라 하소서"라고 간청했다. 예수님이 "오라" 고 하니 물 위를 걸어오던 베드로가 바람을 보고 무서워 물에 빠지자 "주여 나를 구원하소서"라고 외쳤다. 그때 예수님이 손을 내밀어 붙잡아주셨다.

예수님은 제자들을 어느 정도 훈련시킨 후 "너희는 나를 누구라 하느냐?"고 물으셨다. 베드로는 망설임 없이 "주는 그리스도시요, 살아 계신 하나님의 아들이시니이다"라고 신앙을 고백했다. 예수님은 가장 듣고 싶어 하시던 정답을 듣고, 제자들을 교육시킨 보람을 느끼셨다. 예수님의 놀라운 칭찬이 이어졌다. "너는 베드로라. 내가 이 반석 위에 내 교회를 세우리니 음부의 권세가 이기지 못하리라." 가톨릭교회는 이 말씀에 기초하여 베드로를 초대 교황으로 추대하고 지금까지 교황의 전통을 이어오고 있다.

베드로의 든든한 믿음을 확인하신 예수님은 앞으로 고난을 받고 십자가를 지게 되리라는 예언을 하신다. 이때 베드로가 항변하자 예수님이 깜짝 놀라는 반응을 보이셨다.

"주여, 그리 마옵소서. 이 일이 결코 주께 미치지 아니 하리이다."

"사탄아, 내 뒤로 물러가라. 너는 나를 넘어지게 하는 자로다. 네가 하나님의 일을 생각하지 아니하고 도리어 사람의 일을 생각하는도다."

예수님은 최후의 만찬을 하기 전에 제자들의 발을 씻겨 주셨다. 그것은 하인들이 하는 천한 일이었다. 놀란 베드로가 "내

발을 절대로 씻지 못하시리이다"라고 말했다. 그때 예수님이 "내가 너를 씻어주지 아니하면 네가 나와 상관이 없느니라"고 하자 "주여 내 발뿐 아니라 손과 머리도 씻어주옵소서"라고 요청했다. 역시 베드로다운 행동이다.

예수님은 붙잡히시기 전에 "오늘 밤에 너희가 다 나를 버리리라"고 예언했다. 베드로는 "모두 주를 버릴지라도 나는 결코 버리지 않겠나이다" 하고 큰소리쳤다. 하지만 베드로는 예수님을 저주하면서 3번이나 강렬하게 부인했다. 그리고 닭이 울었다.

예수님은 부활하신 후 베드로가 고기 잡는 곳에 나타나셔서 "네가 나를 더 사랑하느냐?"고 물으셨다. 베드로는 예수님을 모른다고 3번 부인했던 일이 생각나 차마 고개를 들지 못했다.

"요한의 아들 시몬아, 네가 이 사람들보다 나를 더 사랑하느냐?"

"내가 주님을 사랑하는 줄 주님께서 아시나이다."

"내 어린양을 먹이라."

예수님은 3번이나 똑같은 질문을 하셨다. 베드로는 온유한 목소리로 예수님을 사랑하는 것을 주님께서 아신다고만 답했다. 예수님은 베드로의 사랑을 확인하고 앞으로 양을 먹이라고 부탁하셨다. 용기를 얻은 베드로는 겁쟁이에서 용감한 사도로 거듭나 복음 전파에 앞장섰다.

지구촌교회 이동원 목사는 『복음으로 세상을 변혁한 열두 사도 이야기』에서 베드로를 이렇게 평가했다.

"베드로는 소위 기복이 심한, 굴곡이 심한 신앙생활을 해왔습니다. 그러나 다시 일어설 수 있었던 것은, 넘어질 때마다 하나님의 은혜가 그를 붙들고 계심을 체험했기 때문일 것입니다. 그의 생애 가운데 주님의 은혜처럼 중요한 것은 없었습니다. 또 하나, 그는 자신의 생애를 통해서 주님을 깊이 알아갈수록 그분이 얼마나 존귀한 분인가를 체험해갔습니다."

베드로는 초대교회의 리더가 되어 복음을 전파했다. 베드로는 로마에 건너가 선교 활동을 하다가 네로 황제가 기독교를 극렬하게 박해하면서 서기 67년경 순교당한 것으로 알려져 있다. 그는 "예수님이 십자가에 돌아가셨는데 나는 거꾸로 매달려 죽겠다"고 하여 처형되었다는 전승이 내려오고 있다.

10
성령님,
안녕하세요

십자가와 부활은 기독교 복음의 핵심이다. 예수님은 십자가에서 고난을 받으시고 죽으신 지 사흘 만에 부활하시어 40일 동안 활동하시다가 하늘나라로 올라가셨다. 그리고 성령을 보내주셨다. 그러면 성령이란 무엇일까?

"하나님과 예수님은 알겠는데 성령은 선뜻 이해가 가지 않아요."

교회에 가면 제일 먼저 부딪히는 문제다. 하나님 성부, 예수님 성자 그리고 성령을 삼위일체라고 부른다. 이 또한 성령을 모르면 이해하기 쉽지 않다. 그러나 성령을 알고 나면 성령의 역할에 대해 놀라게 된다. 신약성경은 성령의 역사로 가득 차 있기 때문이다.

성령은 거룩한 하나님의 영이다. 예수님은 우리와 항상 함께 계실 수 없기에 성령을 보내주시겠다고 약속하셨다. 예수님이 승천하신 후 오순절 마가의 다락방에 모여 있던 제자들에게 성령이 하늘로부터 내려왔다. 성령이 각 개인에게 역사한 것이다. 구약시대에는 특별한 사람들만 성령의 경험을 할 수 있었다. 하지만 예수님이 성령을 보내주심으로 모두가 성령을 만날 수 있게 되었다. 성령은 하나님께서 주시는 최고의 선물이다. 부모가 자녀에게 가장 좋은 것을 주고 싶어 하듯이 하나님도 그러하신다.

† 너희가 악할지라도 좋은 것을 자식에게 줄 줄 알거든 하물며 너희 하늘 아버지께서 구하는 자에게 성령을 주시지 않겠느냐 하시니라(누가복음 11:13)

예수님은 성령을 보혜사라고 부르셨다. 예수님은 제자들에게 "보혜사를 너희에게 주사 영원토록 너희와 함께 있게 하리니"라고 하시면서 성령을 보내주셨다. 예수님의 육체가 모든 사람에게 갈 수 없기 때문에 성령을 보내시어 시간과 공간을 초월하여 역사하도록 배려하신 것이다. 보혜사는 카운슬러, 상담자, 멘토라고 할 수 있다.

성령은 어떤 역할을 할까. 성령은 하나님과 예수님처럼 인격을 가지고 있다. 복음서를 보면 예수님께서 성령이 하는 역할을 가르쳐주셨다.

"성령은 우리와 함께 거하시고, 가르치시고, 기억나게 하시고, 죄를 깨닫게 하시고, 진리 가운데로 인도하시는 역할을 한다."

성령은 성경을 깨닫게 하시고, 성령으로 말하게 하시고, 사역자를 부르시고, 사역자들과 말씀하시고, 일꾼을 보내시고, 복음 사역의 방향을 정해주시며 중재하신다. 또 성령은 의지, 마음, 생각, 지식, 말, 사랑 등 인격적 속성을 가지고 있다.

또한 성령을 근심하게 하는 것은 무엇일까. 거짓말이나 시험하는 행위, 거스르는 행동, 슬프게 하는 것, 욕되게 하는 것, 훼방하는 것은 모두 성령을 근심되게 하는 죄악에 해당한다.

† 오직 성령이 너희에게 임하시면 너희가 권능을 받고, 예루살렘과 온 유대와 사마리아와 땅끝까지 이르러 내 증인이 되리라(사도행전 1:8)

예수님께서 약속하신 성령은 오순절 날 마가의 다락방에 모여있던 제자들에게 내려왔다.

성령이 내려온 오순절은 언제일까. 예수님이 십자가에서 돌아가신 지 사흘 만에 부활하시고, 40일 동안 계시다가 하늘로 올라가셨다. 승천하신 후 10일이 지났을 때 성령이 내려왔기 때문에 오순절 성령강림절이라고 부른다. 즉 오순절은 예수님이 부활하신 지 50일째가 되는 날이다.

성령은 어떻게 우리의 삶 속에서 활동할까. 우리가 예수님을 만나는 순간부터 성령이 역사하신다. 성령이 아니고서는 예수님을 주님이라고 부를 수 없다. 우리의 믿음은 성령이 함께 하지 않으면 불가능하다.

미국의 베니 힌 목사는 『안녕하세요 성령님』에서 성령이 우리 삶 속에서 어떻게 활동하시는지를 구체적으로 설명한다.

"사람들이 크리스천일지라도 실패하는 이유는 그들 스스로의 힘에 의존하기 때문입니다. '내 스스로 해 나갈 수 있어' 하고 말한다면 하나님께 순종할 수는 없습니다. 여러분은 '기도해야지' 하면서도 얼마나 많이 이 다짐을 이행하지 못했습니까? 또 성경을 읽어야지 하면서 얼마나 많이 잊어버리셨습니까? 그것은 여러분이 자신의 마음에 의지했기 때문입니다. 여러분의 육신에 의지하면 여러분은 계속 실패하게 될 것입니다. 그분은 여러분에게 강건함과 생명을 주시지만, 특히 성령님은 여러분에게 정말 중요한 다른 것을 주실 것입니다. 그분은 여러분에게 휴식을 주실 것입니다."

예수님이 승천하신 후 지상에는 성령이 활동하신다. 무서워 떨던 제자들이 성령을 받은 후 겁 없는 용사로 변신하여 예수님을 담대하게 전파하기 시작했다.

예수님은 제자들에게 "아버지께서 내 이름으로 보내실 성령, 그가 너희에게 모든 것을 가르치고, 내가 너희에게 말한 모든 것을 생각나게 하리라"고 말씀하셨다. 성령이 모든 것을 가르쳐주신다. "성령님, 어떻게 할까요?"라고 물으면 성령이 답해주시는 것이다. 사도 바울은 성령의 열매를 '사랑과 희락과 화평과 오래 참음과 자비와 양선과 충성과 온유와 절제' 9가지로 설명한다. 성령이 열매를 맺고 충만하려면 기도와 말씀이 중요하다.

성령은 우리의 마음을 매일 새롭게 해준다. 성령은 119구급대처럼 언제나 우리를 도울 준비를 하고 있다. 힘들 때, 근심이 밀려올 때, 외로울 때, 두려울 때 어떤 상황에서든지 성령께 도움을 구하면 가장 좋은 길로 인도해주신다.

모든 길은 예수로 통한다

예수님은 성경의 주인공이다. 구약성경은 장차 오실 예수님을, 신약성경은 이미 오신 예수님을 증언한다. 예수님이 없으면 성경이 성립될 수 없다. 성경은 예수님에 관한 책이다. 예수님은 BC 4년 로마 제국의 식민지 이스라엘의 베들레헴에서 태어나셨다. 예수님의 탄생과 기독교의 등장은 세계 역사에 중요한 사건이었다.

인류 역사는 예수님 탄생을 기점으로 기원전(BC)과 기원후(AD)로 갈린다. BC는 'Before Christ'의 약칭으로 그리스도의 탄생 이전을 뜻한다. AD는 라틴어로 '그리스도의 해(Anno Domini)'라는 뜻으로 기원후를 의미한다. 하나님의 아들 예수는 육신의 몸을 입고 성육신하여 인간에게 영생을 주시려고 오셨다. 요한복음에 오신 목적이 잘 나타나 있다.

†하나님이 세상을 이처럼 사랑하사 독생자를 주셨으니, 이는 그를 믿는
자마다 멸망하지 않고 영생을 얻게 하려 하심이라(요한복음 3:16)

하나님이 인간을 너무 사랑하셔서 하나님의 아들을 세상에 보내서 죄로 말미암아 죽을 수밖에 없는 인간에게 생명을 주셨다. 인간은 죽음의 문제를 해결하지 못하고 죽음 앞에서 무기력한 존재였다. 예수님은 예수를 믿는 사람은 살아서 천국을 경험하고 죽어도 살 수 있는 생명의 길을 가르쳐주셨다. 예수님은 "내가 곧 길이요 진리요 생명이니 나로 말미암지 않고는 아버지께로 올 자가 없느니라"고 하시면서 생명의 길로 인도하셨다.

예수님은 공생애 3년 동안 살림의 역사를 수행하셨다. 예수님은 하나님 나라의 복음을 전파하시며 각종 병자들을 치유하셨다. 예수님의 가르침과 행적은 신약성경의 4복음서인 마태복음, 마가복음, 누가복음, 요한복음에 기록되어 있다. 나병 환자를 고치시고, 맹인의 눈을 뜨게 하시고, 귀신 들린 자를 치유하시고, 죽은 자를 살리시는 기적을 행하셨다. 복음서의 3분의 1 정도가 예수님이 행하신 기적의 이야기를 담고 있다. 예수님은 12명의 제자를 선택하고 교육시켜 하나님 나라를 확장하는 일의 핵심 일꾼으로 활용하셨다.

예수님의 가르침은 예루살렘의 많은 사람에게 열렬한 지지를 받

았으며 구약성경에 기록된 대로 '메시야'의 출현으로 여겨졌다. 하지만 예수님을 시기하는 종교 지도층인 사두개인과 바리새인들의 반발이 커져 갔다. 제자 가룟 유다의 배신으로 대적들의 손에 팔리셨다. 당시 로마 총독 빌라도에 의해 사형선고를 받고 십자가에 못박혀 돌아가셨다. 사형수는 매질을 당한 다음에 십자가를 짊어지고 처형장으로 끌려가 매달려 죽었다. 예수님이 십자가형을 받는 참혹한 과정은 영화 〈패션 오브 크라이스트(The Passion of the Christ)〉에 생생히 그려져 있다.

십자가 사건은 서기 30년 로마 제국의 2대 황제 티베리우스가 제위에 있을 때 일어났다. 예수님이 체포되어 처형될 때 빌라도는 유대 속주를 관장하는 로마 제국의 총독이었다. 빌라도는 처음에 예수님의 사건을 자신과 무관한 '유대인의 문제'이고 종교적 사안이라고 생각했다. 하지만 종교 지도자와 사주를 받은 민중들이 강하게 요청하자 민란이 두려워 국가반란죄로 십자가에 못 박을 것을 선고했다. 처형된 예수님의 시체는 바위 안의 묘에 매장되었고, 죽은 지 3일 만에 예언대로 부활하시어 제자들 앞에 나타나셨다. 그리고 40일 뒤에 제자들이 지켜보는 가운데 승천하셨다.

예수님의 가르침의 핵심은 하나님 사랑과 이웃 사랑이다. 4복음서는 예수님의 탄생, 십자가의 고난, 부활, 재림의 이야기를 담고 있다.

생명을 가진 인간에게 가장 중요한 것은 해방과 자유다. 구약성경에서 출애굽사건이 왜 중요한가. 해방과 자유를 찾기 위해서다. 바벨론 포로 시대에도 포로의 귀환이 왜 중요한가. 역시 해방과 자유를 위해서다. 예수님은 공생애를 시작하시면서 사회적인 약자인 창녀, 세리, 병든 자에게 다가가셨다. 이들의 몸과 마음을 치료하셨다. 그리고 "네 믿음이 너를 낫게 했다"며 자존감을 높이셨다. 또한 율법 조항에 매달려 신음하는 백성들에게 "수고하고 무거운 짐 진 자들아, 다 내게로 오라"고 하시면서 삶의 고통을 덜어주셨다.

예수님은 당시의 외식하는 권력자들과 종교 지도자들을 향해서 독사의 자식들이라고 하시며 의로운 분노를 쏟아내셨다. 하지만 민중을 향해서는 관대하셨다. 연약한 부분을 감싸주고 위로하고 격려하면서 "내가 주는 평안은 세상이 주는 것과 같지 않다"며 영혼의 안식을 가져다주셨다.

예수님은 십자가에 못 박히기 전에 제자들에게 성령을 보내주겠다고 약속하셨다. 성령은 시간과 공간을 초월하여 역사하시는 또 한 분의 하나님이시다. 예수님이 승천하신 후 오순절 마가의 다락방에서 성령이 내려와 성령의 역사가 시작되었다. 성령을 받은 예수님의 제자들은 예루살렘과 온 유대와 사마리아와 땅끝까지 이르러 복음을 전파했다.

사도들의 복음 전파의 여정은 사도행전에 잘 나타나 있다. 그래서 사도행전은 성령행전이라고 불린다. 베드로와 다른 제자들은 복음을 전파하면서 말할 수 없는 탄압을 받았지만, 두려워하지 않고 '오직 예수!'를 외치며 나아갔다. 바울은 생을 바쳐서 하나님 나라와 예수님을 전파했다. 베드로와 바울의 열정과 헌신을 이어받은 기독교인들은 2,000년 역사를 통해서 예수를 전하는 일을 이어오고 있다. 사도행전은 28장으로 끝이 나지만, 오늘도 사도행전 29장은 세계 곳곳에서 현재진행형으로 계속되고 있다.

한눈에 읽는 신약성경

신약성경의 주제는 무엇일까. "예수가 그리스도"이다. 예수는 이름이고, 그리스도는 구원자라는 뜻이다. 구약성경에서 시작한 하나님의 구원 계획이 신약성경에서 비로소 완성된다. 신약성경은 하나님의 아들 예수님의 탄생, 천국 말씀과 치유의 사역, 십자가의 고난과 죽음, 부활, 재림의 내용을 소개한다. 브루스 윌킨슨의 『한눈에 보는 성경』과 가스펠서브의 『라이프 성경사전』을 중심으로 신약성경 27권의 내용을 정리했다.

신약성경은 크게 복음서, 역사서, 서신서, 묵시록으로 구분된다. 복음서에는 〈마태복음〉, 〈마가복음〉, 〈누가복음〉, 〈요한복음〉이 있다. 4복음서의 명칭은 마태, 마가, 누가, 요한이라는 저자의 이름에서 따왔다. 이 중 〈마태복음〉, 〈마가복음〉, 〈누가복음〉은 같은 관점에서 기록되었으므로 '공관복음'이라고 부른다. 〈요한복음〉은 공관복음과는 달리 예수님의 신적 성품을 강조하는 측면에서 기록된 까닭에 '제4복음'으로 분류된다.

4복음서가 신약성경 맨 앞에 나오는 이유는 〈사도행전〉과 다른 서신서들의 기초가 되기 때문이다. 복음서들은 또한 구약성경에 뿌리를 두고 있을 뿐만 아니라 신약성경의 역사적, 신학적 배경을 제공해주기도 한다. 4복음서는 예수님의 자서전이다. 하지만 일반적인 자서전과는 달리 예수님의 생애는 간단히 다루고 십자가에 돌아가시기 전 마지막 50일을 집중적으로 조명하는 것이 특징이다.

〈마태복음〉은 유대교에서 개종한 신자들에게 "율법과 복음과의 관계성을 깨우쳐 참 신앙에 이르도록 하기 위해" 기록되었다. 구약의 모세오경을 토대로 "메시야 예수가 다윗의 자손이요, 왕으로 오신 분"이심을 강조하며 하나님이 우리와 항상 함께 계신다는 '임마누엘'이 핵심이다.

〈마가복음〉은 예수님을 죄인들을 위하여 자기 목숨까지 버리는 고난받는 종으로 묘사한다. 서기 67~70년경 복음서 중에서 가장 먼저 쓰였다. 서기 64년 로마 황제 네로가 기독교 박해를 시작한다. 그리고 베드로와 바울이 서기 67년경 순교한 후 절망에 빠진 성도들에게 "그리스도의 능력과 고난과 부활을 증거 함으로써 소망을 주기 위해" 기록되었다.

〈누가복음〉은 이방인 의사 출신 누가가 기록한 책으로 예수님을 "잃어버린 자를 찾아 구원하려고 오신 완전한 인자"로 설명한다. 로마의 관리를 비롯한 이방인들에게 예수님이 유일한 구세주임을 전하기 위해 기록되었다. 누가는 의사의 특성을 살려서 예수님의 탄생, 사역, 설교, 고난 등의 행적을 구체적으로 밝히고 있다.

사도 요한은 〈요한복음〉을 서기 90년경 밧모 섬에 유배되기 전에 기록했다. 헬라 문화권에서 헬라 사고에 익숙한 사람들에게 "예수님이 육신의 몸을 입고 성육신하신 하나님의 아들이심을 믿는 자에게 영생이 주어진다"는 사실을 전하기 위해서다.

역사서는 〈사도행전〉을 말한다. 〈누가복음〉을 기록한 누가가 예수님이 승천하신 후 제자들이 성령을 받고 담대하게 복음을 전파하는 과정을 전한다. 예수님을 증언하는 무대가 예루살렘에서 시작하여 유대와 사마리아를 거쳐 로마 제국으로 전파될 때 일어난 사건들을 생생하게 기록한 책이다.

서신서는 '바울서신'과 '바울 이외의 서신'으로 구분된다. 사도 바울은 신약성경 27권의 절반에 가까운 13개나 되는 편지를 썼다. 바울의 13개 서신서는 〈로마서〉, 〈고린도전서〉, 〈고린도후서〉, 〈갈라디아서〉, 〈에베소서〉, 〈빌립보서〉, 〈골로새서〉, 〈데살로니가전서〉, 〈데살로니가후서〉, 〈디모데전서〉, 〈디모데후서〉, 〈디도서〉, 〈빌레몬서〉이다. 바울서신의 제목은 수신자의 지역이나 사람의 이름을 따서 붙여졌고, 편지의 순서는 양에 따라서 배치되었다.

〈로마서〉는 바울서신 최고의 걸작품이다. 4복음서가 예수 그리스도의 말씀과 사역을 보여주고 있는 반면에 로마서는 예수님의 희생적인 죽음의 중요성을 이론적으로 소개한다. 바울은 질문과 대답의 형식을 취하면서 구약과 신약을 연결하는 교리를 체계적으로 정리한다.

〈고린도전서〉와 〈고린도후서〉는 고린도 교회에서 생긴 교회 문제들에 대한 다양한 질문을 받고 이를 해결하기 위해 써서 보낸 답변서다.

〈갈라디아서〉는 구원은 율법의 행위가 아니라 오직 믿음으로 말미암는다는 이신칭의(以信稱義) 사상을 보여주는 교리 서신으로 기독교 자유의 대헌장이라고 불린다.

〈에베소서〉, 〈골로새서〉, 〈빌립보서〉, 〈빌레몬서〉 등 4개의 서신은 바울이 감옥에서 기록한 까닭에 '옥중서신'이라고 부른다. 죄수의 몸으로 갇혀 있음에도 불구하고 감옥 밖의 그리스도인들을 향해 항상 기뻐하라며 위로를 보낸다.

〈데살로니가전서〉는 서기 51년경 신약성경 중에서 가장 먼저 기록된 책으로 그리스도의 종말과 재림에 대한 올바른 신앙관을 소개한다. 〈데살로니가후서〉는 〈데살로니가전서〉의 연장선상에서 그리스도의 재림을 준비하는 성도의 바른 생활을 구체적으로 조명한다.

〈디모데전서〉, 〈디모데후서〉, 〈디도서〉는 '목회서신'이다. 바울이 영적 아들이라고 부르는 제자 디모데와 디도에게 교회를 지도하고 다스리는 데 요구되는 목회 지침을 주기 위해 기록한 서신들이다.

'바울 이외의 서신'은 일반 서신이라고 하는데 〈히브리서〉, 〈야고보서〉, 〈베드로전서〉, 〈베드로후서〉, 〈요한일서〉, 〈요한이서〉, 〈요한삼서〉, 〈유다서〉가 있다. 이 제목은 저자들의 이름을 따서 붙였다. 저자들은 당시 교회 안으로 침투하던 많은 문제점을 다루면서 성도들의 삶의 원천과 거룩하게 살 수 있는 힘의 근원이 부활하신 예수님의 능력에 달려있다고 강조한다.

〈요한계시록〉은 신약성경의 맨 끝에 있는 서신으로 신약성경에서 유일하게 예언에 초점을 두고 있다. 소아시아의 일곱 교회 이야기, 그리스도의 재림, 의로우신 하나님의 심판, 새 하늘과 새 땅에서 이루어질 하나님의 영원한 계획의 완성 등을 예견하는 내용을 담고 있으며 신약성경의 결론 부분이다.

제3장

항상 기뻐하라

1
모든 것이 합력하여
선을 이룬다

"바울 서신 중에서 최초로 쓴 편지는 어떤 편지일까?"

데살로니가전서다. 데살로니가는 로마 제국의 속국 마게도냐 지방의 수도다. 바울은 2차 선교여행(서기 50~52년)때 데살로니가교회를 가정교회로 설립했으나 유대인들의 박해를 받았다. 바울은 박해를 피해 아덴(아테네)에 머무르고 있었다. 데살로니가교회 소식이 궁금하던 바울은 영적 아들인 디모데를 보내 교회 소식을 전해 듣고 뛸 듯이 기뻤다. 바울의 데살로니가 교인들을 사랑하고 대견해 하는 모습이 가슴에 와 닿는다.

† 지금은 디모데가 너희에게로부터 와서, 너희 믿음과 사랑의 기쁜 소식을 우리에게 전하고, 또 너희가 항상 우리를 잘 생각하여 우리가 너희를 간절히 보고자 함과 같이 너희도 우리를 간절히 보고자 한다 하니

(데살로니가전서 3:6)

바울은 성도간의 깊은 교제와 사랑의 실천을 칭찬했다. 재림과 심판에 관해서는 "주의 날이 밤에 도둑 같이 이를 줄을 너희 자신이 자세히 알기 때문이라"고 안심할 수 있게 되었다. 그리고 권면의 말을 전한다.

† 항상 기뻐하라. 쉬지 말고 기도하라. 범사에 감사하라. 이것이 그리스도 예수 안에서 너희를 향하신 하나님의 뜻이니라(데살로니가전서 5:16-18)

바울은 기쁨에서 나아가 기도와 감사를 함께 말했다. 항상 기뻐하라는 말도 부담스러운데 '쉬지 말고 기도하라'와 '범사에 감사하라'가 추가되었으니 더욱 어렵게 느껴지기도 한다.

'항상 기뻐하라'는 말은 항상 기뻐할 수 없다는 뜻이기도 하다. 인생은 고난의 연속으로 기쁨의 순간만 지속되지 않는다. 살다 보면 기뻐할 수 없는 순간은 시도 때도 없이 찾아온다. 하지만 기뻐할 수 없는 순간에 예수님을 바라보면 고통이 기쁨으로 바뀔 수 있다. 고통과 슬픔의 순간에 기도하면 예수님이 위로하고 기쁨을 가져다주신다. 항상 기뻐하라. 쉬지 말고 기도하라. 범사에 감사하라. 이 말씀들이 하나로 움직이면 더욱 큰 은혜를 받게 된다.

† 하나님을 사랑하는 자, 곧 그의 뜻대로 부르심을 입은 자들에게는 모든 것이 합력하여 선을 이루느니라(로마서 8:28)

기쁨과 기도와 감사의 말씀 위에 합력하여 선을 이룬다는 말씀을 연계하여 묵상하면 그 의미가 더욱 가까이 다가온다. 현재는 기뻐할 일이 아니지만 결과적으로 다른 모든 상황과 연합하여 선을 이루게 되기 때문에 항상 기뻐할 수 있는 것이다. 선한목자교회 유기성 목사는 『나는 죽고 예수로 사는 복음』에서 합력하여 선을 이루는 의미를 성령의 역할과 함께 해석한다.

"성령께서 우리에게 오신 것은 모든 것이 협력하여 선을 이루게 되는 인생을 살게 하시기 위해서입니다. 성령은 하나님이십니다. 얼마든지 모든 것이 협력하여 선을 이루게 하실 수 있습니다. 그렇다면 우리가 아무리 약해도, 실패해도, 우리에게 어떤 어려움이 닥쳐도 염려하거나 두려워하지 않아도 됩니다. 하나님이 우리와 함께 하시고 우리를 도우시는데 무슨 걱정이 있겠습니까?"

하나님의 말씀은 생명체처럼 살아 움직이는 효과가 있다. "하나님의 말씀은 살아 있고 활력이 있어, 좌우에 날선 어떤 검보다도 예리하여, 혼과 영과 및 관절과 골수를 찔러 쪼개기까지 하며, 또 마음의 생각과 뜻을 판단하나니." 말씀이 마음에 들어오면 그 말씀이 살아서 말을 걸어온다.

나는 기업체 사장을 할 때 힘든 일이 많았다. 기업은 경쟁이 치열하고 이익을 창출해야 하는 복잡한 조직이다. 힘들고 어려운 일이 있을 때는 말씀을 묵상했다. "항상 기뻐하라. 쉬지 말고 기도하라. 범사에 감사하라. 모든 것이 합력하여 선을 이루느니라." 이 말씀을 암송하고 나면 정말 효과가 나타나는 것을 실감할 수 있었다.

"하나님의 뜻이 무엇일까?" 가장 좋은 때 가장 좋은 것을 주시기 위해 합력하여 선을 이루시는 하나님을 믿고 기도하면서 어려움을 기쁨으로 승화시킬 수 있었다.

2
하나님을 기뻐하면
소원이 이루어진다

"기독교는 기쁨의 종교이다."

하나님은 천지를 창조하실 때 "보시기에 심히 좋았다"라며 기뻐하셨다. 기쁨은 좋을 때, 만족할 때 생긴다.

> † 여호와를 기뻐하라. 그가 네 마음의 소원을 네게 이루어 주시리로다.
> 네 길을 여호와께 맡기라. 그를 의지하면 그가 이루시고(시편 37:4-5)

하나님을 기뻐하는 것은 하나님이 주신 선물이 아니라 하나님 자체를 기뻐하는 것이다. 하나님이 우리를 기뻐하시기 때문에 우리는 스스로 하나님을 기뻐해야 한다. 억지로가 아니라 스스로 하나님을 기뻐하면 우리의 소원을 이루어주신다. 전능하신 하나님이 지혜와 능력을 공급해주시고, 죄의 짐에서 벗어나 집중력을 높여 기도의 응답을 주신다.

그러므로 두려움, 근심, 염려를 하나님께 맡기고 푯대를 향하여 나아가기만 하면 된다. 하나님을 기뻐하고 그 기쁨 가운데서 소원을 품고 기도하면 하나님은 자녀인 우리의 소원을 이루어 주신다. 하나님은 우리에게 하나님만 믿고 쓸데없는 일에 마음과 시간을 빼앗기지 말라고 권면하신다.

† 무엇을 먹을까 무엇을 마실까 무엇을 입을까 하지 말라(마태복음 6:31)

하나님은 우리가 필요한 것을 다 알고 계시니 걱정과 염려는 붙잡아두고 오직 소원하는 일에 집중하면 그것이 이루어지게 하겠다고 말씀하신다. 이렇게 하나님을 기뻐할 때 삶 속에서 하나님의 사랑을 맛볼 수 있다. 성령의 열매인 사랑과 희락과 화평이 함께하게 된다. 그래서 예루살렘 총독을 지낸 느헤미야가 "여호와로 인하여 기뻐하는 것이 너희의 힘이니라"고 한 말씀이 더욱 힘 있게 다가온다.

또한 기쁨을 앗아가는 불평과 시기심 같은 부정적인 요인들은 경계해야 한다. 세상이 공평하지 않아 불만이 있다. 특히 우리나라 사람들은 정의를 중요하게 생각해 상대적인 박탈감에 대한 불만이 크다. 이런 불만이 많아 한국 사회를 '피로사회'로 진단하기도 한다. 우리 사회의 흙수저, 금수저 논란도 비슷한 맥락이다. 하나님은 이런 불만을 하나님께 맡기라고 말씀하신다.

† 악을 행하는 자들 때문에 불평하지 말며, 불의를 행하는 자들을 시기
하지 말지어다(시편 37:1)

악한 자들은 끝까지 형통할 수 없다고 말한다. 시간이 걸릴지
라도 언젠가 심판받기 때문이다. 대신 믿는 사람들이 하나님을
의지하고 선을 행하며 하나님을 기뻐하라고 말한다.

기쁨의 신학자인 미국의 존 파이퍼 목사는 『하나님을 기뻐하
라』에서 "기쁨은 하나님만이 채워주실 수 있는 가장 근본적이
고 영구적인 행복"이라며 기독교 희락주의를 강조한다. 기독교
희락주의는 "하나님을 기뻐하라"가 성경 전편에 흐르는 주제
라고 말한다. 기독교 희락주의의 토대인 "사람의 제일 되는 목
적은 하나님을 영화롭게 하는 것과 영원토록 그분을 즐거워하
는 것이다"는 웨스트민스터 요리문답에서 나왔다.

하이델베르크 요리문답 역시 "행복하게 살기 위해 내가 무엇
을 알아야 하는가?"라는 질문에 답하기 위해 쓰였기 때문에 기
독교 희락주의를 지향하고 있다. 그는 『하나님을 기뻐하라』를
쓴 7가지 이유를 이렇게 제시한다.

"첫째, 나의 즐거움이다. 둘째, 하나님은 숨이 멎을 만큼 벅
찬 분이시다. 셋째, 하나님의 말씀은 우리에게 기쁨을 추구하라
고 명령하신다. 넷째, 그리스도인의 삶에서 사랑은 선택이 아니
라 필수다. 다섯째, 기독교 희락주의는 교만 및 자기 연민과 싸

운다. 여섯째, 기독교 희락주의는 사람들을 향한 진정한 사랑을 장려한다. 일곱째, 기독교 희락주의는 사람을 영화롭게 한다."

광양만경제자유구역청장을 지낸 이희봉 박사는 '직장선교 전문가'다. 그는 공직생활 30여 년간 직장선교 활동을 연구하고 헌신했다. 그는 이 말씀을 즐겨 암송하고 묵상했다.

† 근심하는 자 같으나 항상 기뻐하고, 가난한 자 같으나 많은 사람을 부요하게 하고, 아무것도 없는 자 같으나 모든 것을 가진 자로다(고린도후서 6:10)

그는 공직생활에서의 체험을 바탕으로 『하나님과 함께 일하는 사람』을 펴내 기독교인의 일하는 자세에 대해 설명했다.

"하나님과 함께 일하는 사람은 세상의 눈으로 보면 여러 상황에서 근심하는 자 같으나 실상은 기뻐하는 사람이다. 하나님과 함께 일하는 사람은 주님처럼 세상이 보기에는 가난한 자 같으나 다른 사람을 진정 부요하게 하는 행복을 주 안에서 누릴 수 있다. 하나님과 함께 일하는 사람을 세상 사람들이 보면 아무것도 가진 것이 없는 것처럼 보인다. 그러나 우리 안에는 주님이 계시고 주님은 만유의 주인이기 때문에 주님의 자녀가 된 우리는 모든 것을 가진 자이다."

3
고난이
소망을 낳는다

"내 인생을 책으로 쓰면 몇 권이 되고도 남아!"

살아온 인생이 쉽지 않음을 나타내는 말이다. 요즘 젊은 사람도 사는 게 쉽지 않다. 취업준비생들의 이야기를 들어보면 눈물겨운 사연들이 넘쳐난다.

기독교는 기쁨을 강조하는 종교다. 그러나 이를 뒤집어보면 늘 고난이 함께 했다는 뜻이다. 이스라엘의 역사 자체가 고난의 역사다. 구약성경은 창세기 다음에 출애굽기가 나온다. 성경의 두 번째 책이 애굽의 노예 생활에서 탈출하는 이야기이니 말이다. 400여 년 동안 애굽 생활에서 고난이 계속되었다. 일제 통치 36년을 생각해보면 쉽게 이해할 수 있으리라. 그 36년이 얼마나 힘이 들었는가. 이스라엘 백성은 430년이니 그 고난의 기간이 어찌했을지 상상이 가지 않는가. 이스라엘의 두 번째 종살이인 70년의 바벨론 포로 생활도 고난의 연속이었다. 예수님이 탄생할 당시에는 로마의 식민지시대였다. 이처럼 어려운 고난의 역사에서도 이스라엘 민족은 메시야를 기다리는 희망을 버리지 않았다.

사도 바울은 예수님을 믿고 나서는 스스로 고난의 길을 걸어갔다. 이방인의 사도로서 3번에 걸친 선교여행을 하면서 복음 전파에 목숨을 걸었다. 바울은 자신이 당한 고난을 이렇게 묘사한다.

> † 유대인들에게 사십에서 하나 감한 매를 다섯 번 맞았으며, 세 번 태장으로 맞고, 한 번 돌로 맞고, 세 번 파선하고, 일 주야를 깊은 바다에서 지냈으며, 여러 번 여행하면서 강의 위험과 강도의 위험과 동족의 위험과 이방인의 위험과 시내의 위험과 광야의 위험과 바다의 위험과 거짓 형제 중의 위험을 당하고, 또 수고하며 애쓰고 여러 번 자지 못하고 주리며 목마르고 여러 번 굶고 춥고 헐벗었노라(고린도후서 11:24-27)

이처럼 엄청난 고난을 극복할 수 있는 힘은 어디서 왔을까.

> † 우리가 환난 중에도 즐거워하나니 이는 환난은 인내를, 인내는 연단을, 연단은 소망을 이루는 줄 앎이로다(로마서 5:3-4)

찾아오는 환난을 어떻게 대처하느냐가 중요하다. 환난은 어려움을 주지만 인내를 배우고 인생이 성숙해지는 계기가 된다. 쇠는 풀무불로 단련되듯이 인생은 고난의 용광로를 통해 성숙해진다. 더욱이 하나님은 우리가 감당하지 못할 시험을 주시지 않는다고 하셨다.

†사람이 감당할 시험밖에는 너희가 당한 것이 없나니, 오직 하나님은 미쁘사 너희가 감당하지 못할 시험 당함을 허락하지 아니하시고, 시험 당할 즈음에 또한 피할 길을 내사 너희로 능히 감당하게 하시느니라 (고린도전서 10:13)

고난이 있으면 다른 사람의 입장도 돌아보게 된다. 남을 이해하고 배려하면서 인격이 성숙되고 소망을 낳게 된다. 결과적으로 고난은 소망을 낳는다. 바울은 나중에 로마 감옥에 갇힌 죄수의 몸이 되었지만 근심하거나 두려워하지 않고 평안과 기쁨을 고백했다.

미국의 팀 켈러 목사는 『팀 켈러, 고통에 답하다』에서 "고통과 괴로움이 일상이 된 시대다. 매일같이 미디어를 통해 참담한 사건과 사고의 소식이 들려온다. 살면서 저마다 크고 작은 고난을 맞닥뜨리는데, 누군가는 그 고난으로 신앙을 등지고, 누군가는 살아 계신 하나님을 만난다"라며 안타까워했다. 그는 "많은 경우 사람들이 하나님을 인정하거나 부정하는 기준선에 바로 '고난'이 있음을 발견했다"라고 고백한다. 그리고 고통이 주는 의미를 부여한다.

"고난은 '내 삶을 다스리고 구원할 힘과 권한이 나에게 있다'는 망상을 몰아내준다. 인간은 역경을 지나면서 텅 빈 상태가 되어 하나님과 은혜로 채울 여지가 생긴다. 종교개혁자 마르틴 루터는 말한다. '무(無)에서 유(有)를 만드는 것이 하나님의 속성이다. 그러므로 아직 완전히 비어 있지 않다면 주님은 거기서 아무것도 빚어내실 수 없다.'"

동국성신 강국창 회장은 강원도 탄광촌에서 태어나 어렵게 공부해서 젊은 나이에 사업에 성공했다가 부도를 맞았다. 강 회장은 빚쟁이들을 피해 다니면서 말할 수 없는 고통을 당했다. 그때의 실패를 교훈 삼아 다시 재기하여 사업에 성공하여 『흙수저도 금수저가 될 수 있다』는 책을 썼다. 그는 젊은 날의 고난의 경험 덕분에 항상 기뻐하고 감사할 수 있으며 자신의 인생을 돌아보게 되었다고 고백했다.

"나는 지금껏 하나님께 감사하는 일 중 하나가 맨 처음 잘나가던 시절 사업에 실패하게 하신 것이다. 그때의 실패로 내 일의 가치와 의미, 소명을 확실히 알았고 실패를 딛고 일어설 때 무엇이 중요한지 알게 되었기 때문이다. 인생의 결말을 모른다. 지금 하는 일의 결론이 어떻게 맺어질지 모른다. 그러니 실패를 두려워하지 말아야 한다."

4

먹고 마시며 수고하는 것이 기쁨이다

"당신은 행복하십니까?"

이렇게 물을 때 자신 있게 대답하는 사람은 많지 않다. 우리나라의 1인당 국민소득은 3만 달러가 넘고 경제대국이 되었으나 행복 수준은 따라가지 못하고 있다. 실제로 OECD 국가 중 자살률 세계 1위, 저출산율 세계 1위 등의 수치가 그것을 입증한다.

구약성경의 전도서는 인생의 철학과도 같은 책이다. 전도서는 인생에 대한 질문을 끊임없이 던진다. 전도서의 저자인 솔로몬은 이스라엘의 3대 왕이다. 솔로몬은 평생 3권의 책을 썼다. 젊었을 때 사랑의 찬가인 아가서, 장년이 되어서 지혜의 책인 잠언서, 인생의 석양길인 노년에 전도서를 지었다.

그는 돈, 권력, 명예 등 모든 것을 누렸다. 700명의 후궁과 300명의 첩을 거느리고 마음껏 살아보았다. 세상의 모든 부귀 영화를 다 누리고 경험자의 깨달음을 기록으로 남겼다. 전도서는 "헛되고 헛되며 헛되고 헛되니 모든 것이 헛되도다"로 시작한다. 사람들이 부러워하는 모든 것들을 누린 솔로몬이 인생에 대하여 내린 결론이다. 전도서에는 '헛되다'는 표현이 무려 37회나 나와서 얼핏 보면 허무주의가 가득 찬 것처럼 보이지만 그렇지 않다. 전도자는 행복의 비결을 제시한다.

> † 사람이 먹고 마시며 수고하는 것보다 그의 마음을 더 기쁘게 하는 것은 없나니, 내가 이것도 본즉 하나님의 손에서 나오는 것이로다(전도서 2:24)

인생에서 먹고 마시며 수고하는 것은 삶 자체다. 인생은 피와 땀과 눈물이 범벅되어 요리되는 것이다. 오늘 하루가 인생의 전부고, 하루하루의 삶이 모여 인생을 이룬다. 먹고 마시며 수고하는 것 자체가 기쁨이다. 자신만을 위해서 이런 노력을 할 때는 헛되다는 생각이 들기도 하지만, 하나님이 내게 주신 선물임을 알고 하면 어떻게 될까. 기쁨과 감사와 즐거움이 있다. 하나님의 은혜임을 매일 깨닫게 된다.

또한 전도자는 모든 일에 기한이 있고 때가 있다는 시간의 비밀에 대한 교훈을 던져준다. "날 때가 있고 죽을 때가 있으며, 심을 때가 있고 심은 것을 뽑을 때가 있으며, 죽일 때가 있고 치료할 때가 있으며, 헐 때가 있고 세울 때가 있으며, 울 때가 있고 웃을 때가 있으며, 슬퍼할 때가 있고 춤출 때가 있으며, 사랑할 때가 있고 미워할 때가 있으며"라고 매사에 때가 있음을 알려준다.

나아가 전도자는 "너는 청년의 때에 너의 창조주를 기억하라"며 가능하면 하나님을 젊어서 만나라고 권면한다. 젊음은 화살처럼 빨리 지나간다. 나이가 들어 "내가 조금만 더 젊었더라면" 하면서 후회하기 전에 하나님을 기억하는 것이 현명하다. 전도자는 지혜자여서 깊이 생각하고 연구하여 잠언을 지었다. 전도자는 인생의 결론을 내렸다.

† 일의 결국을 다 들었으니 하나님을 경외하고 그의 명령들을 지킬지어다. 이것이 모든 사람의 본분이니라(전도서 12:13)

하나님을 경외하고 하나님의 말씀을 지키는 것이 결론이며 사람의 본분이다.

전도서는 솔로몬 왕이 인생의 모든 것을 경험하고 나서 절망하는 사람들에게 새롭게 시작할 수 있는 길을 열어주는 책이다. 삼일교회 송태근 목사는 『모든 끝은 시작이다』에서 전도서는 절망 속에서 더욱 빛나는 희망 선언이라고 말한다. 그리고 우리가 해야 할 일을 제시한다.

"우리는 전도서를 통해 우리에게 내일은 없으며, 오늘만 존재할 뿐임을 깨닫습니다. 시간의 주관자는 하나님이십니다. 우리에게 내일이 있을지, 없을지 우리는 모릅니다. 따라서 우리에게 제일 중요한 시간은 바로 '오늘'입니다. 오늘, 은혜의 자리로 나아오는 게 중요합니다. 오늘, 하나님을 경외하는 것이 중요합니다. 오늘, 그의 명령들을 지키는 것이 중요합니다. 오늘, 복음을 전하는 것이 중요합니다. 우리는 오늘이라는 단 하루를 살기 위해 이 땅에 온 존재입니다."

전도자가 인생의 허무에 대해 던진 질문에 "예수 그리스도가 정답"이라고 제시한다. 예수를 만나면 새로운 피조물이 되어 새롭게 된다. "누구든지 그리스도 안에 있으면 새로운 피조물이라. 이전 것은 지나갔으니 보라 새것이 되었도다." 전도서가 세상의 모든 허무를 꿰뚫고 나가는 대답을 제시하고 있으니 예수님을 믿고 아는 것이 얼마나 소중하고 기쁜 일인지 깨닫게 된다.

5
하나님을
힘써 알자

"알고 나서 믿을 것인가. 믿고 나서 알 것인가."

기독교는 흔히 믿음의 종교라고 일컬어진다. "믿음은 바라는 것들의 실상이요 보이지 않는 것들의 증거"라고 했다. 믿는 것은 알아가는 과정이다. 아는 만큼 보이기 때문이다. 하나님 말씀의 핵심은 믿음, 소망, 사랑이다. 이 핵심을 이해하기 위해서는 성경을 학습하는 과정이 필요하다. 기독교가 평생학습을 강조하는 이유다.

성경과 다른 책은 어떤 차이가 있을까. 다른 책들은 두 번 읽는 게 쉽지 않지만, 성경은 읽을 때마다 새로운 의미로 다가오는 특성이 있다. 의미를 깨닫고 읽으면 지루하지 않으니 신기한 일이다.

† 우리가 여호와를 알자. 힘써 여호와를 알자. 그의 나타나심은 새벽 빛

같이 어김없나니 비와 같이, 땅을 적시는 늦은 비와 같이 우리에게 임

하시리라(호세아 6:3)

BC 8세기 북이스라엘에서 활동했던 선지자 호세아는 하나님을 힘써 알자고 강조했다. "알아야 면장을 한다"라는 말도 있지 않은가. 하나님을 알아야 더욱 잘 믿을 수 있다. 더욱이 하나님은 새벽 빛 같이 어김없이 나타나시고 아는 것에 대해 보상해주신다. 호세아는 또한 하나님은 제사보다 인애를 원하신다고 선언한다.

† 나는 인애를 원하고 제사를 원하지 아니하며 번제보다 하나님을 아는

것을 원하노라(호세아 6:6)

인애는 하나님의 사랑을 뜻한다. 하나님은 제사와 같이 형식적인 것보다 하나님을 진정으로 알기를 원하신다. 하나님은 사랑이고 우리가 자녀가 되기를 원하고, 하나님 이외의 우상에 얽매어서 종노릇하는 것을 원하지 않으신다. 구약성경에 나오는 잠언은 솔로몬 왕의 지혜를 모은 책이다. 잠언 1장에서는 지혜로운 사람과 미련한 사람을 구분한다.

† 여호와를 경외하는 것이 지식의 근본이거늘 미련한 자는 지혜와 훈계

를 멸시하느니라(잠언 1:7)

여호와를 경외하는 것은 하나님만을 두려워하면서 가까이
하는 것이다. 하나님을 아는 사람이 지혜로운 사람이다. 하나님
을 모르면 인간은 보이는 세계인 물질에 집중하여 물질만능주
의에 빠지기 쉽다. 그러나 보이지 않는 세계인 하나님을 알면
그 안에 모든 것이 다 들어 있다. 진리와 생명과 구원과 기쁨이
있다. 감사와 평안 그리고 선하심과 인자하심이 있다. 하나님께
가까이 가면 그 모든 것을 선물로 주신다.

잠언은 지혜로운 말씀의 보고다. 그래서 지혜서라고 부른다.
잠언은 31장으로 되어 있어 날짜별로 읽으면 매일 지혜와 영감
을 얻을 수 있어서 좋다.

세계적 건축 설계 회사인 미국 팀하스의 하형록 회장은 잠언
을 경영의 지침으로 삼아 세계적인 기업을 이루어 『P31 (성경
대로 비스니스 하기)』을 발간했다. P는 잠언(Proverbs)의 약자다.
『P31』은 팀하스의 20년간의 경험을 바탕으로 하나님이 비즈니
스 현장에서 어떻게 주님의 기업을 세워 가시는가를 생생하게
기록한 '창업 전략서'다. 또 돈이 목적인 세상 기업과 경쟁하면
서 어떻게 하나님이 부탁하신 영혼들을 섬기고, 하나님의 나라
를 확장해갈 수 있는가를 경험적으로 정리한 '경영 전략서'다.

그는 심장이식 수술을 받고 다시 세상으로 돌아와 '잠언 31장'

에서 얻은 지혜로 하나님의 기업 '팀하스'를 시작했다. '우리는 어려운 이들을 돕기 위해 존재한다'는 사훈 위에, 잠언 31장에서 뽑은 주옥같은 성경의 원리들을 그대로 실천하며 '성경대로 멋지게 비즈니스 할 수 있음'을 증명한 기업인이자 일터사역자다.

하나님을 사랑하고 이웃을 사랑하면서 섬기는 마음을 가질 때 하나님이 기뻐하신다. 하나님을 믿는 많은 지식인들은 하나님을 알면서 더욱 믿음이 견고해졌다. 수많은 지식인들이 하나님을 믿는 이유다. 또 기독교의 허구성을 파헤치기 위해서 성경 알기를 시작했다가 독실한 기독교인으로 변한 사례가 넘쳐나는 이유이기도 하다.

베이직교회 조정민 목사는 방송인에서 목회자로 변신했다. 그는 MBC 뉴스데스크 앵커였을 때 아내가 새벽예배에 나가는 것을 못마땅하게 여겼다. 그래서 기독교의 허구와 모순을 카메라 출동에 고발할 목적으로 아내 몰래 교회에 나가 새벽에 열심히 취재하다가 예수님을 만났다. 그렇게 그는 세상에서 잘나가는 방송인 생활을 접고 목회자의 길을 걷게 되었다. 조정민 목사는『왜 예수인가』에서 예수쟁이 잡으러 갔다가 예수쟁이가 되었다고 고백한다.

"4일째 취재하러 교회에 간 날이었습니다. 예배당 맨 뒤에서 팔짱을 끼고 앉아 예배드리는 모습을 지켜보는데, 사람들이 마치 술에 취한 사람처럼 두 손을 들고 노래하는 겁니다. 술도 마시지 않는 맨 정신에 어떻게 저런 노래를 부르며 게다가 손을 높이 들고 부르나, 단단히 미쳤다 생각했습니다.

그러다 사람들이 '너 예수께 조용히 나가 네 모든 짐 내려놓고 주 십자가 사랑을 믿어(찬송가 539장)'를 부르는데 갑자기 눈물 몇 방울이 주르르 흘러내렸습니다. 깜짝 놀라 눈물을 훔치는데 그때부터 봇물 터지듯 걷잡을 수 없이 눈물이 쏟아지기 시작했습니다. 참으로 당황스러운 순간이자 낭패였습니다."

그는 곧바로 취재를 중단했다. 그리고 예수를 믿고 신학을 공부하여 목사가 되었다.

6
복 있는 사람은
만사가 형통한다

"내 인생에 시편이 없었다면 어떻게 되었을까?"

시편을 사랑한 사람들이 한결같이 고백하는 말이다. 시편에서 얻은 기쁨과 감동이 그만큼 지대했다는 뜻이다. 150편으로 구성된 시편은 탄원시, 감사의 시, 왕에 관한 시, 찬양시, 지혜시 등으로 구분된다. 시를 통해 하나님과 진정으로 소통하는 모습을 보인다. 사람이 겪는 감정의 모든 내용이 시로 표현되어 있어 인생의 축소판이라고 할 수 있다.

시편은 사람에게 토해놓고 싶은 격한 감정도 하나님께 쏟아놓으라고 말한다. 시편은 인간의 감정에 따른 모든 부문을 담고 있지만, 중심 주제는 하나님을 향한 찬양과 감사, 예배다. 시편은 모세 시대부터 바벨론 포로 이후까지 1,000년을 아우르는 기간 동안 기록된 시들을 편집해 놓은 책이다. 예수님도 시편을 자주 인용하셨다. 마르틴 루터는 "시편은 성경 전체의 축소판"이라며 높이 평가했다. 기독교인들의 시편 사랑은 시간과 공간을 초월하여 계속되고 있다. 시편 1편은 복 있는 사람은 어떤 사람인가로 시작한다.

> † 복 있는 사람은 악인들의 꾀를 따르지 아니하며, 죄인들의 길에 서지
> 아니하며, 오만한 자들의 자리에 앉지 아니하고, 오직 여호와의 율법
> 을 즐거워하여 그의 율법을 주야로 묵상하는도다(시편 1:1-2)

복 있는 사람은 먼저 하지 않아야 할 3가지가 있다. 악인들의 꾀에 빠지지 말고, 죄인들이 가는 길에 서 있지 말고, 오만한 자들과 자리를 함께 하지 않는 것이다. 이 3가지는 죄의 발전 단계를 실감나게 표현한다. 그다음에 할 일은 여호와의 율법인 하나님의 말씀을 즐거워하고 그 말씀을 주야로 묵상하는 것이다. 연세대 함성국 교수는 『시편 해석』에서 시편 1편을 지혜시로 분류한다.

"지혜시는 근본적으로 인간의 삶에 두 갈래 길이 있음을 전제하고, 어떤 길을 선택할 것인지를 가르쳐주려는 시편이다. 지혜로운 사람은 생명의 길을 선택하여 그 길을 따라 걸어가는 반면에, 어리석은 사람은 멸망의 길을 선택한다는 것이 핵심 내용이다."

그리고 그 의미를 부연하여 설명한다.

"이러한 지혜 전통의 뿌리는 무엇인가? 이스라엘 전통적인 신앙에 따르면, 참된 지혜는 인간의 머리나 인간의 사변적인 활동에서 나온 것이 아니다. 그것은 하나님에게서 왔다. 따라서 이스라엘의 참된 지혜는 하나님을 두려워하는 것, 하나님을 경외하는 것에 있는 것이다. 하나님을 두려워하는 것이 모든 지혜와 율법의 근본이라는 사상은 후기 유대교의 전형적인 특징이다."

† 그는 시냇가에 심은 나무가 철을 따라 열매를 맺으며, 그 잎사귀가 마르지 아니함 같으니, 그가 하는 모든 일이 다 형통하리로다. 악인들은 그렇지 아니함이여 오직 바람에 나는 겨와 같도다. 그러므로 악인들은 심판을 견디지 못하며 죄인들이 의인들의 모임에 들지 못하리로다. 무릇 의인들의 길은 여호와께서 인정하시나 악인들의 길은 망하리로다 (시편 1:3-6)

이렇게 복 있는 사람과 복 없는 사람, 악인과 의인의 특성과 결과를 간단하면서도 분명하게 묘사하고 있다. 시편 1편은 시편 전체의 서론이다. 동시에 시편의 주제어이며 결론이기도 하다. 시편 1편에 시편의 진수가 망라되어 있다고 해도 과언이 아니다.

시편은 시의 형태로 되어 있어서 읽기 쉽고 지루하지 않다.

또 다양한 주제를 다루고 있어서 박진감이 있다. 마지막 시편 150편은 "호흡이 있는 자마다 찬양할지어다. 할렐루야!"로 끝이 난다. 복 있는 사람으로 시작한 시편은 찬양과 할렐루야로 마무리된다.

시편은 기쁨과 슬픔, 탄식, 감사, 찬양이 어우러진 종합선물세트다. 시편과 함께 하면 기쁨과 찬양, 감사가 넘쳐난다. 탄원하는 시, 저주하는 시도 결론은 하나님 찬양으로 귀결된다.

김지철 목사는 〈시편 강해〉에서 시편에 대한 남다른 애정을 표현했다. 장로회신학대 교수를 하다가 소망교회 담임목사가 되었을 때 새벽예배에서 제일 먼저 시편을 설교했다. 16년 동안의 목회를 마치고 떠날 때 마지막 설교도 시편으로 끝냈다. 김 목사는 시편의 의미를 설명한다.

"시편은 시인들이 자기 삶을 노래한 영적인 신앙의 일기이다. 시인들이 받았던 감격과 감사를 목소리와 글과 악기를 동원해서 하나님을 찬양하는 것이다. 여기에는 찬양만 있는 것이 아니다. 하나님 앞에서의 의심, 하나님에 대한 회의, 도전, 인간관계에서 생긴 미움, 분노, 배신, 복수의 감정이 있다.

시편은 인간의 모든 감정을 하나님께 드러내며 토해내고 있다. 이런 과정을 통해 슬픔이 해소되고, 절망이 소망으로 바꾸어지고, 상처 때문에 가슴앓이를 했던 모든 것들이 주님의 사랑으로 녹아지는 경험을 한다. 그래서 시편은 시인들만 쓰는

게 아니다. 우리 모두가 시편을 쓸 수 있다."

시편은 사막에서 오아시스를 만나는 느낌이다. 시편은 한없이 자비로우신 하나님이 끝까지 듣고 처방을 해주신다. 하나님의 처방전은 결코 실수가 없다. 그래서 복 있는 사람은 시냇가에 심은 나무처럼 철을 따라 열매를 맺고 잎사귀가 마르지 않는다고 노래한다. 시편이 있다는 것이 얼마나 큰 기쁨이며 감사할 일인가.

7

내가 순금 같이
되어 나오리라

"문학 하는 사람은 예수는 몰라도 욥기는 알아야 한다."

구약성경 욥기는 탁월한 문학작품으로 평가받기 때문이다. 욥기는 하늘의 천상회의에서 하나님과 사탄의 논쟁으로 시작된다.

"네가 내 종 욥을 주의하여 보았느냐. 그와 같이 온전하고 정직하여 하나님을 경외하며 악에서 떠난 자는 세상에 없느니라."

"욥이 어찌 까닭 없이 하나님을 경외하리이까?"

사탄은 하나님께서 욥에게 복을 주셔서 욥의 소유물이 땅에 넘치기 때문에 하나님을 경외한다고 비웃으며 말했다.

"이제 주의 손을 펴서 그의 모든 소유물을 치소서. 그리하시면 틀림없이 주를 향하여 욕하지 않겠나이까."

"내가 그의 소유물을 다 네 손에 맡기노라. 다만 그의 몸에는 네 손을 대지 말지니라."

사탄은 사고와 전염병으로 욥의 재산을 빼앗고, 집을 무너뜨려 욥의 일곱 아들과 딸 셋을 몰살시켰다. 그래도 욥은 "주신이도 여호와시요, 거두신 이도 여호와시오니"라며 하나님을 저주하지 않았다.

욥이 첫 번째 시험에도 흔들리지 않자 사탄은 하나님께 두 번째 시험을 제안한다.

"그의 뼈와 살을 치소서. 그리하시면 틀림없이 주를 향하여 욕하지 않겠나이까?"

"내가 그를 네 손에 맡기노라. 다만 그의 생명은 해하지 말지니라."

사탄은 욥이 발바닥에서 정수리까지 종기가 나게 만들었다. 욥이 가려워서 질그릇 조각을 가져다가 몸을 긁자 아내가 "당신이 그래도 자기의 온전함을 굳게 지키느냐. 하나님을 욕하고 죽으라"고 악담을 퍼부었다. 하지만 욥은 "우리가 하나님께 복을 받았은즉 화도 받지 아니하겠느냐" 하면서 모든 일에 입술로 범죄 하지 않았다.

병에 걸려 드러누운 욥을 세 친구 엘리바스, 소발, 빌닷이 찾아와 위로한다. 병든 모습이 하도 처참해서 아무 말도 못하고 1주일 밤낮을 말없이 있어주었다. 그러나 욥이 왜 자기가 고난을 겪는지 이해를 못 하고 불만을 토로하자, 친구들이 말하기 시작했다. 하나님은 정의로운 분이니 까닭 없이 재앙을 내리지 아니하신다. 이런 재난을 당한 것을 보면 죄를 지은 것이 분명하다. 인과응보의 법칙에 따라 하나님께 죄를 고백하면 나중에 축복해주실 것이다.

> † 네 시작은 미약하였으나 네 나중은 심히 창대하리라(욥기 8:7)

사업을 처음 시작하는 사업장에 가면 볼 수 있는 유명한 성경구절이다. 하지만 이 구절은 욥에게는 비수 같은 말이었다. 친구들은 욥을 이해하기보다는 정죄하면서 욥의 마음을 더욱 아프게 만든다. 친구들은 인과응보의 관점에서 욥을 위로하지만 사랑이 없이 던지는 친구들의 위로는 욥에게 전혀 도움이 되지 않는다. 그러나 욥은 친구들의 조언을 듣고 인과응보가 아니라 의인이 왜 고난을 당하는지 알기 위해 죽음을 각오하고 끝까지 가보겠다고 다짐한다.

> † 내가 가는 길을 그가 아시나니 그가 나를 단련하신 후에는 내가 순금 같이 되어 나오리라(욥기 23:10)

욥은 "하나님이 어디 계시냐?"고 질문하면서도 하나님을 신뢰했다. 하나님은 나를 지켜보시고 내가 가는 길을 알고 계신다. 지금 당하는 고통의 의미는 모르지만, 고난의 끝에는 하나님이 가장 좋은 길로 인도하시리라는 소망을 갖고 있다. 고난은 인간의 한계성을 깨닫게 하여 겸손을 가져다준다. 용광로에서 찌꺼기가 제거되면 자신이 순금같이 되어 나오리라는 기대를 저버리지 않았다.

욥은 고난의 의미를 알고 싶었다. 그래서 세 친구가 아무리 훈계해도 수긍할 수 없었다.

친구들의 훈계에도 끄떡하지 않던 욥은 하나님이 직접 나타나실 때 비로소 수긍하고 회개한다. 하나님은 욥에게 나타나시어 천지창조와 생명의 신비함에 대해 다양하게 질문하신다. "무지한 말로 생각을 어둡게 하는 자가 누구냐?" "내가 땅의 기초를 놓을 때에 네가 어디 있었느냐?" 욥은 하나님의 질문과 설명을 들은 후 자신의 무지와 미천함을 인정하고 회개한다.

† 나는 깨닫지도 못한 일을 말하였고, 스스로 알 수도 없고 헤아리기도 어려운 일을 말하였나이다(욥기 42:3)

† 내가 주께 대하여 귀로 듣기만 하였사오나 이제는 눈으로 주를 뵈옵나이다. 그러므로 내가 스스로 거두어들이고 티끌과 재 가운데에서 회개하나이다(욥기 42:5-6)

이 세상의 모든 삶의 자리에 하나님의 섭리와 뜻이 있음을 깨달았다. 자신의 삶에 대한 하나님의 절대주권을 인정한 후 회복되었다. 재산은 두 배로 늘었고 자녀도 다시 얻을 수 있었다. 의인의 고난에는 하나님의 뜻이 있다.

고난 속에 있으면 외롭고 힘들다. 하지만 하나님은 내가 가는 길을 알고 계시니 나를 단련시켜서 순금같이 만들어주시리라는 소망을 간직할 수 있다. 욥기는 사탄에게 "인간이 희망이다"라는 의미를 전하고 있다. 고난 속에 있을 때 또는 이유 없이 고난을 당할 때 욥기가 있다는 게 얼마나 위로가 되는지 모른다. 욥기를 통해서 우리는 고난의 과정과 결과를 알고 있기 때문이다.

8
내 인생에 힘이
되어준 한마디

"한마디 말이 내 일생을 바꿀 수 있습니다. 한마디 말이 절망에 빠진 나를 구원해줄 수 있습니다. 한마디 말로 빙벽처럼 굳었던 마음이 풀릴 수 있습니다. 한마디 말로 지옥과 천국을 경험할 수 있고, 절망과 희망 사이를 오갈 수 있습니다. 한마디 말이 갓 퍼 담은 한 그릇 쌀밥이 되어 감사의 눈물을 펑펑 쏟게 할 수가 있습니다."

정호승 시인이『내 인생에 힘이 되어준 한마디』서문에서 책을 쓴 이유를 밝힌 내용이다. 시인은 자신에게 큰 힘과 용기를 주었던 말들을 메모해놓았다가 책으로 펴냈다. 68개의 명언을 소개했는데 그중 10개만 살펴보자.

1. 십자가를 등에 지고 가지 말고 품에 안고 가라.
2. 낙타가 쓰러지는 건 깃털같이 가벼운 마지막 짐 하나 때문이다.

3. 오늘 내가 헛되이 보낸 하루는 어제 죽은 이가 그토록 살고 싶어 했던 내일이다.

4. 절망이라는 죄는 신이 용서하지 않는다.

5. 왜 하필 나에게 이런 일이 일어나느냐고 생각하지 말고, 나에게도 이런 일이 일어날 수 있다고 생각하라.

6. 신은 다시 일어서는 법을 가르치기 위해 나를 쓰러뜨린다.

7. 항구에 있는 배는 안전하지만 그것이 배를 만든 이유는 아니다.

8. 상처 없는 독수리는 이 세상에 태어나자마자 죽어버린 독수리뿐이다.

9. 천하에 가장 용맹스러운 사람은 남에게 질 줄 아는 사람이다.

10. 새우잠을 자더라도 고래 꿈을 꾸어라.

한마디 한마디가 용기를 주고 힘이 된다. 이 책을 보고 깊은 감동을 받으면서 성경 말씀을 생각해보았다. 성경에는 힘이 되는 한마디 말들이 얼마나 많은가. 그 말씀들을 소개한다.

† 너는 내 사랑하는 아들이라. 내가 너를 기뻐하노라 (마가복음 1:11)

나는 새벽에 잠에서 깨자마자 이 말씀을 묵상한다. "오늘도 하나님의 아들로서 세워주시니 감사합니다. 하나님의 기쁨이 되고 영광이 되는 하루가 되게 하여 주시옵소서."

✝ 나의 힘이신 여호와여 내가 주를 사랑하나이다(시편 18:1)

잠자리에 들기 전에 묵상하는 말씀이다. 하루를 정리하고 "오늘 주님께서 힘을 주시고 하루를 무사히 보람 있게 보내게 해주신 은혜에 감사를 드립니다"라고 감사의 기도를 드린다.

✝ 예수께서 이르시되 할 수 있거든이 무슨 말이냐. 믿는 자에게는 능히 하지 못할 일이 없느니라(마가복음 9:23)

✝ 내게 능력 주시는 자 안에서 내가 모든 것을 할 수 있느니라(빌립보서 4:13)

일을 시작할 때, 그리고 자신감이 없어질 때 묵상하는 성경 구절이다. 이 말씀을 암송하고 외치면 자신감이 되살아나고 용기가 생긴다.

✝ 오늘 종이 형통하여 이 사람 앞에서 은혜를 입게 하옵소서(느헤미야 1:11)

사람을 만나러 갈 때는 느헤미야가 왕을 만나러 가면서 기도했던 말씀을 떠올린다.

† 아침 빛 같이 뚜렷하고, 달 같이 아름답고, 해 같이 맑고, 깃발을 세운 군대 같이 당당한 여자가 누구인가(아가 6:10)

강의를 하거나 많은 사람 앞에서 이야기할 때는 아가서 말씀을 묵상한다. 당당한 여자를 당당한 사람으로 바꾸어 마음속으로 외치면 두려움이 물러간다.

† 오직 여호와를 앙망하는 자는 새 힘을 얻으리니, 독수리의 날개치며 올라감 같을 것이요, 달음박질하여도 곤비하지 아니하겠고, 걸어가도 피곤하지 아니하리로다(이사야 40:31)

피곤하고 지쳐 있을 때 큰 힘을 주는 말씀이다. 금방 쓰러질 것 같다가도 정말 독수리가 날개 치면서 올라가는 것 같은 힘을 준다.

† 네가 들어와도 복을 받고 나가도 복을 받을 것이니라(신명기 28:6)

복을 빌고 다른 사람들을 축복할 때 힘이 되는 말이다.

† 여호와는 나의 빛이요, 나의 구원이시니, 내가 누구를 두려워하리요. 여호와는 내 생명의 능력이시니 내가 누구를 무서워하리요(시편 27:1)

† 여호와는 너를 지키시는 이시라. 여호와께서 네 오른쪽에서 네 그늘이 되시나니, 낮의 해가 너를 상하게 하지 아니하며, 밤의 달도 너를 해치지 아니하리로다(시편 121:5-6)

불안과 두려움이 밀려올 때 묵상하면 하나님이 지켜주신다는 믿음이 생겨 마음의 평강을 유지할 수 있다.

† 사랑은 오래 참고, 사랑은 온유하며, 시기하지 아니하며, 사랑은 자랑하지 아니하며, 교만하지 아니하며, 무례히 행하지 아니하며, 자기의 유익을 구하지 아니하며, 성내지 아니하며, 악한 것을 생각하지 아니하며, 불의를 기뻐하지 아니하며, 진리와 함께 기뻐하고, 모든 것을 참으며, 모든 것을 믿으며, 모든 것을 바라며, 모든 것을 견디느니라(고린도전서 13:4-7)

사도 바울은 사랑에 대한 완벽한 정의를 내렸다. 이보다 더 사랑을 잘 표현할 수 있을까. 사랑의 찬가를 낮은 목소리로 암송하다 보면 사랑이 조용히 속삭이는 것을 깨닫게 된다.

성경은 전체가 힘이 되는 말로 가득 차 있다. 고난을 기쁨으로 반전시키는 말이 도처에 널려 있다. 힘이 되는 한마디 말이 필요한가. 성경을 보라!

9
바울이 재판을
받으러 로마로 가다

　사도행전은 누가복음의 저자 누가가 기록한 신약성경에서 유일한 역사서이며 복음서와 서신서의 가교 역할을 한다. 사도행전은 예수 그리스도의 복음이 예루살렘에서 온 유대와 로마에까지 어떻게 전파되었는지 보여준다.

> † 오직 성령이 너희에게 임하시면 너희가 권능을 받고, 예루살렘과 온 유대와 사마리아와 땅끝까지 이르러 내 증인이 되리라(사도행전 1:8)

　사도행전은 예수님의 승천부터 시작하여 복음이 지리적으로 확산되는 과정을 다룬다. 나아가 복음 전파의 이면에서 작용하는 성령의 강력한 역사를 생생하게 보여주기 때문에 '성령행전'이라고도 불린다. 사도행전의 전반부는 베드로, 후반부는 바울의 복음 전파에 초점이 맞추어져 있다.

'사울'은 히브리 이름이고 '바울'은 헬라식 이름이다. 사울은 예수님의 제자들에게 적개심을 품고 대제사장에게 기독교인을 체포하기 위한 공문을 받아 다메섹으로 달려가던 중에 하늘로부터 들려오는 예수님의 음성을 들었다.

† 사울아, 사울아, 네가 어찌하여 나를 박해하느냐. 대답하되 주여 누구
시니이까, 이르시되 나는 네가 박해하는 예수라(사도행전 9:4-5)

사울은 눈은 떴으나 아무것도 볼 수 없었다. 사람의 손에 끌려 다메섹으로 들어가서 사흘 동안 보지 못하고 먹지도 마시지도 못했다. 그때 하나님께서 환상 중에 제자 아나니아에게 나타나시어 사울을 안수하도록 했다. 안수를 받은 즉시 다시 보게 되어 일어나 세례를 받고 음식을 먹은 후 강건해졌다.

그리고 각 회당에서 예수가 하나님의 아들이심을 전파했다. 예수 믿는 자들을 핍박하던 사람이 갑자기 예수를 전도하니 유대인과 기독교인들은 "이 사람이 예루살렘에서 예수 이름을 부르는 사람을 멸하려던 자가 아니냐?"라고 말하면서 모두 당황할 수밖에 없었다.

유대인들이 사울을 죽이기 위해서 밤낮으로 찾아다녔다. 예루살렘으로 피신한 사울은 제자들을 사귀고자 하였으나 다 두려워하여 그가 제자 됨을 믿지 않았다. 이때 바나바가 사도들

에게 사울을 데리고 가서 그의 회심 과정과 다메섹에서의 전도 활동을 전하여 오해를 해소시켰다. 바나바는 이방인 전도의 개척자 역할을 했다. 바나바는 성령과 믿음이 충만하고 구제와 말씀 전파에 열성적이어서 예루살렘 교회의 신임이 두터웠다. 회심 후의 사울은 헬라식 이름인 바울로 통일되어 소개되고 있다.

바나바는 최초의 이방 교회인 안디옥에서 목회하던 중 다소 지역에 머물던 바울을 안디옥 교회로 초청하여 동역했다. 바나바와 바울이 안디옥에서 동역할 때 '그리스도인'이라 일컬음을 받게 되었다. 비로소 예수 믿는 사람을 그리스도인이라고 칭하게 된 것이다.

사도행전의 후반부는 바울의 선교활동을 소개한다. 바울은 3차례에 걸쳐 선교여행을 했다. 1차 선교여행(서기 48~49년)은 안디옥, 이고니온, 루스드라, 더베 등 갈라디아 도시들에 집중했다.

1차 선교여행을 마치고 돌아온 바울은 예루살렘을 방문하여 이방 선교에 성공한 사실을 보고하고, 이방인 선교를 위한 중요한 결정을 이끌어 낸다. 이 회의가 바로 서기 49년 기독교 역사상 최초로 개최된 '예루살렘 총회'다.

이 회의는 예루살렘 교회를 대표하는 야고보를 비롯한 사도들과 안디옥 교회를 대표한 바울과 바나바가 참석하여 "이방인 개종자는 구원을 받고 교회의 일원으로 되기 위한 조건으로

써 모세의 율법을 좇을 필요가 없다"고 결정했다. 이에 따라 기독교에 들어온 이방인 남자들은 유대교의 성인식인 할례의식을 치를 필요가 없어져서 이교도들의 개종을 수월하게 만들었다. 예루살렘총회는 기독교의 세계화에 획기적인 전환점이 되었다.

2차 선교여행(서기 50~52년)은 빌립보, 데살로니가, 고린도에서 많은 시간을 보냈다. 이때 유럽 지역에 복음이 처음으로 들어갔다. 3차 선교여행(서기 53~57년)은 에베소에 있는 두란노서원에서 2년 동안 말씀을 가르친 후 2차 선교여행 때 갔던 마케도니아와 그리스를 다시 방문했다. 선교여행을 마치고 이스라엘로 돌아온 후 바울은 서기 57년부터 2년 동안 감금되었다.

그리고 서기 59년에 재판을 받으러 로마로 떠난다. 바울이 어떻게 로마에서 재판을 받을 수 있었을까. 바울은 로마 시민권자였기 때문이다. 그 덕분에 유대인들의 살인 음모에서 벗어날 수 있었고 로마 제국에 상소하여 재판을 받을 기회가 주어졌다. 하나님의 계획은 참 놀랍다는 생각이 든다. 바울은 죄수의 몸이 되어 재판을 받기 위해서 로마 군대의 호위 속에 로마로 향하게 되었으니까. 배를 타고 로마로 가는 길은 순탄하지 않았다. 지중해에서 광풍을 만나 표류하면서 갖은 고생 끝에 드디어 로마에 도착했다. 사도행전 마지막인 28장은 바울의 로마 도착과 로마에서의 전도활동을 소개한다.

바울은 종교적인 문제로 재판을 받으러 왔기 때문에 감금 중에도 사람을 만날 수 있었고, 찾아오는 사람들에게 복음을 전파할 수 있었다.

† 바울이 온 이태를 자기 셋집에 머물면서 자기에게 오는 사람을 다 영접하고, 하나님의 나라를 전파하며 주 예수 그리스도에 관한 모든 것을 담대하게 거침없이 가르치더라(사도행전 28:30-31)

사도행전은 2,000년 전 로마 시대의 상황을 잘 설명해준다. 사도행전은 역사서로서 가장 쉽고 실감나게 읽을 수 있으니 참으로 기쁘고 감사한 일이다.

10

부모의 마음은
하나님의 마음이다

"하나님의 대리인은 누구일까? 어머니와 아버지다."

탈무드에 의하면 하나님은 이 세상 모든 곳에 계시기를 원해 어머니와 아버지를 만드셨고, 특별히 어머니를 만드셔서 사랑을 실천하고 있다고 소개한다. 성경을 읽을 때 부모와 자식의 관계를 생각하면 쉽게 이해할 수 있다. 예수님이 누가복음에서 말씀하신 '돌아온 탕자의 비유'가 대표적이다. 어떤 사람에게 두 아들이 있었는데 둘째가 아버지에게 말했다.

† 아버지여 재산 중에서 내게 돌아올 분깃을 내게 주소서 하는지라. 아버지가 그 살림을 각각 나눠 주었더니(누가복음 15:12)

아버지가 살아 있을 때 유산을 요구하는 것은 아버지가 죽기를 바라는 것과 같은 무엄한 행위였으나 아버지는 아무 말 없이 유산을 나눠주었다. 둘째 아들은 재물을 가지고 먼 나라에 가서 허랑방탕하여 재산을 탕진하고 말았다. 그 나라에 크게 흉년이 들어 돼지 먹는 쥐엄 열매로 배를 채우려 해도 주는 자가 없을 정도로 궁핍해졌다. 둘째 아들은 굶어 죽는 것보다 아버지의 집으로 돌아가 품꾼이라도 하는 게 낫겠다고 생각했다.

> † 내가 하늘과 아버지께 죄를 지었사오니, 지금부터는 아버지의 아들이라 일컬음을 감당하지 못하겠나이다. 나를 품꾼의 하나로 보소서 하리라(누가복음 15:18-19)

아들은 아버지의 집을 향해 뚜벅뚜벅 걸어갔다. 아버지는 부모를 버리고 오래전에 집을 떠난 아들을 기다리고 있었다. 멀리서 어렴풋이 다가오는 아들의 모습을 금방 알아차리고 뛰어가 맞이했다. 죽었던 아들이 돌아왔다고 기뻐하면서 "제일 좋은 옷을 내어다가 입히라. 손에 가락지를 끼우라. 발에 신을 신기라. 살진 송아지를 잡으라" 하고 잔치를 벌였다.

형은 방탕한 동생을 위해 잔치를 베푸는 아버지를 이해할 수 없어 불만을 쏟아냈다. 내게는 염소 새끼도 잡아주지 않더니 재산을 날린 패륜아를 위해 살진 송아지까지 잡았느냐고 따졌다. 아버지는 "너는 항상 나와 함께 있으니 내 것이 다 네 것이 아니냐"면서 "네 동생은 죽었다가 살아났고 내가 잃었다가 얻었기로 즐거워하고 기뻐하는 것이 마땅하다"라고 애원했다.

팀 켈러 목사는 『팀 켈러의 탕부 하나님』에서 두 형제의 마음이 똑같다고 분석한다.

"둘 다 아버지의 권위를 못마땅해 하며 벗어나려 했다. 둘 다 아버지를 좌지우지할 수 있는 위치에 서려 했다. 다시 말해서 두 아들 모두 반항했다. 방법상 하나는 아주 못되게 굴었고, 또 하나는 지극히 착했을 뿐이다. 둘 다 아버지의 마음을 멀리 떠난 잃어버린 아들이었다."

또한 팀 켈러 목사는 흔히 알려진 '탕자의 비유'보다 '잃어버린 두 아들의 비유'라고 표현한다. 대신 '탕부 하나님'이라고 불렀다. "예수님이 우리에게 보여주는 하나님은 앞뒤 재지 않고 아낌없이 다 내주시는 분이다. 그런 의미에서 그분은 자녀인 우리에게 그야말로 탕부이시다. 하나님의 무모한 은혜야말로 우리의 가장 큰 소망이요, 삶을 변화시키는 경험이며, 이 책의 주제도 바로 그것이다"라고 그 이유를 설명했다. 불가사의하게도 아무리 똑똑한 부모라도 자식 앞에서는 바보가 된다. 자식에게 절절매는 부모의 모습을 이해할 수 있는가. 부모는 죄인처럼 자식 앞에 있으면 한없이 약한 존재가 되고 만다.

이장로 고려대 교수는 청년의 때에 주기도문을 통해 소명을 깨닫고 하나님의 나라가 이 땅 위에 이루어지기를 소망했다. 이후 세상을 변화시키는 크리스천 리더십을 개발하고 통일 한국을 예비하는 사회지도자 양성에 그의 삶을 헌신하고 있다. 2001년에 한국리더십학교를 창립하여 '아버지의 마음'을 가지고 20년간 교장으로 섬기면서 많은 크리스천 제자를 양성한 일터 선교사다. 김 교수는 "성숙한 그리스도인이란, 세상 가치가 지배하는 일터에서 하나님 나라를 이루어가기 위해 처절하게 영적 싸움을 하는 사람이다. 그러나 세상 속에서 주일만 그리스도인으로 살고 나머지의 삶에서는 그렇지 못한 사람이 많다. 우리는 모두 일터로 파송된 선교사이다"라고 하면서 그리스도인의 소명과 사명을 강조했다.

"그리스도인은 세상 속에 소금으로, 빛으로 침투해 들어가는 존재입니다. 하나님이 예수님을 세상에 보내신 것 같이, 예수님은 제자들을 세상으로 보내십니다. 예수님이 우리를 세상으로부터 부르신 것(Calling)과 우리를 세상 속으로 보내신 것(Mission)은 분리될 수 없는 하나의 사실입니다."

성경은 부모의 마음으로 읽으면 이해하기 쉬워진다. 성경은 하나님의 사랑, 인간의 배신, 하나님의 징계, 인간의 회개, 하나님의 용서가 반복된다. 창세기에서 요한계시록까지 하나님의 사랑과 아픔과 용서가 끝없이 반복된다. 성경을 읽다가 고비를 만날 때마다 하나님의 전능하심을 생각하고 부모의 마음을 헤아리면 하나님의 마음을 느낄 수 있어 기쁨을 더해준다.

사도신경은 기독교 교리의 핵심이다

"기독교의 핵심이 정리되어 있으면 얼마나 좋을까."

이런 생각을 가진 사람이 의외로 많다. 초기 교회 때도 마찬가지였다. 그래서 나온 게 사도신경이다. 미국의 앨버트 몰러 교수는 『오늘 나에게 왜 사도신경인가』에서 "사도신경은 사도들이 직접 작성한 것은 아니지만 그리스도께서 그들에게 가르치신 믿음을 표현하고 요약하려는 초기 교회의 노력을 반영한다. 초기 그리스도인들은 사도신경을 '신앙의 규칙'이라고 일컬으면서, 예배를 드리거나 충실한 신자들을 가르칠 때마다 그것을 활용했다"라고 설명한다.

사도신경은 서기 100년경에 대부분의 교회들이 신조로 채택하여 사용했다. 지금과 거의 같은 형태의 사도신경은 서기 325년 니케아 공의회, 381년 콘스탄티노플 공의회 등 여러 차례의 교회회의를 거치면서 채택되었다. 오늘날과 같은 사도신경은 8세기부터 사용되었다.

특히 381년 콘스탄티노플 공의회에서 삼위일체 교리가 확립되면서 사도신경의 근간이 이루어졌다. 삼위일체 교리는 무엇인가. 신적인 존재는 유일한 본체가 있는데 그 안에 개별적인 위격을 가진 성부, 성자, 성령이 존재한다는 교리다. 삼위일체를 바탕으로 사도신경이 공인되었다. 사도신경은 기독교 신앙의 가장 기본적인 요소들로 구성되어 있다.

사도신경은 초신자들이 반드시 공부해야 하는 내용이다. 그뿐만 아니라 기독교인들은 예배 때마다 암송하면서 신앙을 고백한다. 사도신경의 첫 부분이 삼위일체를 그대로 보여준다. 신·구약성경 전체에서 삼위일체라는 말이 직접 언급된 곳은 없지만, 삼위일체를 암시하는 내용들이 있다. 예수님은 승천하시기 전에 제자들에게 "너희는 가서 모든 민족을 제자로 삼아 아버지와 아들과 성령의 이름으로 세례를 베풀고, 내가 너희에게 분부한 모든 것을 가르쳐 지키게 하라"고 하여 세 위격으로 삼위일체를 말씀하셨다.

사도신경은 "전능하사 천지를 만드신 하나님 아버지를 내가 믿사오며"라고 시작된다. 사도신경은 단지 "하나님 아버지를 믿습니다"라고만 말하지 않는다. "전능하신 하나님 아버지를 믿습니다"라고 말한다. '전능하신'이 무슨 뜻일까. 앨버트 몰러 교수는 "전능, 전지, 편재, 자존, 불변성과 같은 하나님의 속성이 '전능하신'이란 한 단어에 압축되어 있다. 완전하고 충만하고 무한한 권위를 소유하고 있는 하나님만이 피조 세계를 다스리는 전능한 주권자가 되신다"라고 설명한다. 하나님의 속성은 모르는 것이 없고 못하는 일이 없다는 '전지전능하신 하나님'과 존재하지 않는 곳이 없다는 '무소부재하신 하나님'으로 요약할 수 있다.

이어서 동정녀 탄생이 나온다. 인간의 이성으로 생각하면 납득이 가지 않기 때문에 혼란스러워하는 사람도 있다. 이 역시 하나님이 전능하시다는 속성을 믿을 때 풀리는 대목이다.

"그 외아들 우리 주 예수 그리스도를 믿사오니, 이는 성령으로 잉태하사, 동정녀 마리아에게 나시고."

다음으로 예수님의 수난과 십자가에서의 죽음 및 부활의 내용을 담고 있다. 십자가와 부활은 기독교 신앙의 핵심 중의 핵심이다. 십자가의 고난이 없다면 부활의 영광도 없다. 하나님의 아들이신 예수님은 우리의 죄를 대신 짊어지기 위해서 고난을 당하셨다. 구약성경에 예수님의 고난을 예고하는 말씀이 나온다.

† 그는 실로 우리의 질고를 지고 우리의 슬픔을 당하였거늘, 우리는 생각하기를 그는 징벌을 받아 하나님께 맞으며 고난을 당한다 하였노라. 그가 찔림은 우리의 허물 때문이요. 그가 상함은 우리의 죄악 때문이라. 그가 징계를 받으므로 우리는 평화를 누리고 그가 채찍에 맞으므로 우리는 나음을 받았도다. 우리는 다 양 같아서 그릇 행하여 각기 제 길로

갔거늘 여호와께서는 우리 모두의 죄악을 그에게 담당시키셨도다(이사
야 53:4-6)

부활하신 예수님은 40일 동안 지상에 머물면서 활동하신 후에 하
늘에 오르셔서 하나님 우편에 앉아 계시다가, 다시 오시는 재림 때
산 자와 죽은 자를 심판하러 오시겠다고 약속하셨다.

"본디오 빌라도에게 고난을 받으사, 십자가에 못 박혀 죽으시고,
장사한 지 사흘 만에 죽은 자 가운데서 다시 살아나시며, 하늘에 오
르사, 전능하신 하나님 우편에 앉아 계시다가, 저리로서 산 자와 죽
은 자를 심판하러 오시리라."

마지막으로 기독교인들이 신앙생활하면서 지켜야 할 덕목들을 정
리하고 있다.

"성령을 믿사오며, 거룩한 공회와 성도가 서로 교통하는 것과, 죄
를 사하여 주시는 것과, 몸이 다시 사는 것과, 영원히 사는 것을 믿
사옵나이다."

성령을 성부와 성자와 동일한 위상으로 믿어야 된다. 또한 성도들
이 하나님을 아바 아버지로 둔 형제자매로서 사랑을 바탕으로 서로
소통해야 한다. 하나님은 우리의 죄를 용서해주시는 분임을 믿고,
우리의 육체가 예수님이 다시 오실 때에 살아나리라는 것을 믿는다.
그리고 영생, 즉 영원히 사는 것을 믿는 것이다.

미국 풀러신학대학원 김세윤 교수는 『복음이란 무엇인가』에서 사

도 바울을 인용하여 복음과 구원을 설명한다.

"사도 바울은 고린도전서 15장에서 사도들이 선포하는 복음을 요약합니다. 그것은 한마디로 '그리스도의 죽음과 부활의 복음'입니다. 바울은 이 복음을 먼저 자신이 고린도에 처음 당도하여 선포했던 복음이라고 상기시키고, 고린도의 그리스도인들이 이 복음을 받고 믿어 그 '복음이 제공하는 구원'을 얻은 것이라고 설명합니다."

예수 그리스도의 죽음과 부활 자체가 복음이고 그 복음을 믿는 것이 구원이다. 성경은 창조, 타락, 구원의 역사 속에서 진행된다. 그래서 성경은 '구원과 성화'의 책이라고 한다. 예수 그리스도의 복음을 믿고 구원받은 기독교인들이 예수님을 닮아가기 위해 노력하는 과정을 다룬 책이라고 정의할 수 있다.

사도신경은 성경의 중심을 이루는 척추와도 같다. 예배 때마다 사도신경을 기계적으로 외우지 않고 한 구절 한 구절을 음미하면서 암송하니 은혜가 더욱 넘쳐나는 것을 느낀다.

사도신경은 십계명, 주기도문과 함께 기독교의 '3대 보배'라고 일컬어진다. 그만큼 기독교 교리의 핵심 주제를 담고 있다.

제4장

쉬지 말고 기도하라

1
주기도문,
이렇게 기도하라

"산상수훈의 중간에 어떤 말씀이 있을까?"

예수님이 설교하신 산상수훈은 마태복음 5장, 6장, 7장의 세 장을 말하며 중간이면 6장이다. 여기서 예수님은 기도에 대해 말씀하셨다.

기도란 바라는 바가 이루어지기를 마음으로 비는 것이다. 사람은 기도를 통해 하나님과 소통하면서 생명을 얻기 때문에 기도를 영혼의 호흡이라고 한다. 당시 경건한 유대인에게 기도는 일반화되어 있었다. 어떤 환경 속에서도 오전 6시 아침 기도, 오후 3시 낮 기도, 오후 6시 저녁 기도까지 하루에 3번 기도하는 것은 오랜 전통이었다. 유대인은 모두가 기도 전문가라고 할 정도였다.

예수님은 왜 제자들에게 기도를 가르쳐주셨을까. 종교 지도자인 서기관과 바리새인들의 기도가 비판의 대상이었기 때문이다. 이들은 공개된 장소에서 큰 소리로 중언부언하면서 자신이 얼마나 기도를 잘하는지 보여주는 데 집중했다. 하나님과의 진정한 소통이 아니라 남에게 보여주기 위해 기도한 것이다. 예수님은 기도의 모델로 주기도문을 제시하셨다. 주기도문은 기도의 모범으로 산상수훈의 핵심에 자리하고 있다. 기도가 그만큼 중요하다는 뜻이다.

주기도문은 기독교인에게 가장 잘 알려져 있는 성경구절이다. 찬송가로도 만들어져 사랑받고 있다. 주기도문은 일곱 부문으로 나누어진 탄원시다. 앞부분 3개는 하나님의 나라에 대해서고, 뒷부분은 인간의 삶과 관련되어 있다.

전주대 한병수 교수는 『새롭게 읽는 주기도문』에서 주기도문의 내용을 이렇게 분석한다.

"주님의 기도문은 성경의 축소판과 같다. 성경 전체가 계시하는 궁극적인 대상은 하나님 자신이며 그 내용은 하나님 사랑과 이웃 사랑이기 때문이다. 성경이 지향하는 궁극적인 목적은 하나님의 영광이다. 하나님 사랑과 관계된 기도는 하나님의 이름을 거룩하게 여기는 것, 하나님의 나라가 임하는 것, 하나님의 뜻이 성취되는 것으로 이루어져 있다. 이웃 사랑과 관계된 기도는 일용할 양식, 죄 사함의 문제, 시험에 들지 아니함, 악에서의 구원으로 이루어져 있다."

먼저 하나님에 대한 내용을 살펴보자.

† 하늘에 계신 우리 아버지여, 이름이 거룩히 여김을 받으시오며, 나라
가 임하시오며, 뜻이 하늘에서 이루어진 것 같이 땅에서도 이루어지이
다(마태복음 6:9-10)

기도의 대상은 하늘에 계신 아버지다. 하나님이 우리의 아버
지가 된다는 의미를 깊이 생각해보자.

하나님 아버지는 어떤 분인가? 하나님의 위상을 올바르게 알
아가는 게 성경이다. 하나님은 "나는 알파와 오메가라. 이제도
있고, 전에도 있었고, 장차 올 자요, 전능한 자"라고 말씀하신
다. 하나님의 성품은 어떠하신가. 시편 기자가 잘 나타내고 있
다. "여호와는 은혜로우시며 긍휼이 많으시며 노하기를 더디
하시며 인자하심이 크시도다."

그다음에는 하나님의 이름이 거룩히 여기심을 받도록 하는
것이다. 하나님이 거룩한 존재로 평가받도록 행동하라는 뜻이
다. 세상 사람들은 우리의 행동을 통해 거룩한지 여부를 평가
하니 큰 부담이 아닐 수 없다. 뜻이 하늘에서 이루어진 것 같이
땅에서도 이루어지라는 말씀도 하늘의 사랑과 평안을 이 땅 위
에 실천하라는 의미다. 주기도문의 두 번째 내용은 치열한 세
상을 살아가면서 부딪치는 인간적인 문제를 다룬다.

† 오늘 우리에게 일용할 양식을 주시옵고, 우리가 우리에게 죄 지은 자

를 사하여 준 것 같이 우리 죄를 사하여 주시옵고, 우리를 시험에 들게
하지 마시옵고, 다만 악에서 구하시옵소서(나라와 권세와 영광이 아버지
께 영원히 있사옵나이다. 아멘)(마태복음 6:11-13)

　빵의 문제는 예수님 당시도 지금도 중요하다. 생리적인 욕구
가 해결되어야 그다음 단계로 나아갈 수 있기 때문이다. 일용
할 양식의 문제가 해결되면 죄와 용서가 기다린다. 죽을 수밖
에 없는 우리 죄를 용서하여 주신 하나님의 높고 깊은 은혜를
생각하면 다른 사람의 죄를 용서하지 않을 수 없다.
　또 시험에 들지 말아야 한다. 세상은 온갖 유혹의 손길이 있
다. 나아가 악에게 지지 말고 이겨내서 사탄의 노예가 되지 않
도록 당부하신다. 주기도문의 마지막은 "하나님의 나라와 권
세와 영광이 아버지께 영원히 있사옵나이다. 아멘"으로 마무
리된다.
　주기도문은 예수님이 가르쳐주신 최고의 기도문이고, 기도의
모범이다. 주기도문을 막연히 읊조리다가 그 뜻을 음미하며 암
송하면 더욱 은혜가 넘치는 것을 느낄 수 있다. 주기도문은 하
나님과 우리가 얼마나 가까운 존재인가를 보여준다. 인간은 기
도할 때 순수하고 하나님을 감동시킬 수 있다. 하나님을 믿고
나갈 때 기도는 힘이 있고 강하다.

2
구하라. 찾으라.
두드리라

"기도는 기독교인의 의무이며 특권이다."

기도에 관한 두 가지 특성이다. 기도는 하나님과 소통하는 것이다. 기도하지 않으면 하나님과 소통할 수 없으니 하나님의 자녀라고 할 수 없다. 나아가 기도는 권리이며 특권이다. 기도는 아무나 할 수 있는 게 아니다. 하나님의 자녀이기 때문에 기도할 수 있다. 자녀들은 부모에게 얼마나 당당히 요구하는가. 기도는 하나님께 사정을 아뢰고 요구하는 것이다.

팀 켈러 목사는 『팀 켈러의 기도』에서 "기도란 하나님과 나누는 대화인 동시에 만남"이라고 정의했다. 그래서 기도는 상호 신뢰가 중요하다. 하나님과 신뢰를 쌓아야 한다. 하나님의 자녀로서 사랑하는 마음이 있어야 기도가 형성된다. 하나님은 자녀를 사랑하기 때문에 언제든지 도와주고 싶어 하신다.

† 구하라. 그리하면 너희에게 주실 것이요. 찾으라. 그리하면 찾아낼 것
이요. 문을 두드리라. 그리하면 너희에게 열릴 것이니(마태복음 7:7)

예수님은 기도하는 자세에 대해 분명하게 가르쳐주셨다. 기
도는 구하는 것이다. 필요한 것을 구하면 하나님은 주실 준비
가 되어 있다. 작은 일이든 큰 일이든 구해야 한다. "기도하기
에 너무 작은 것도 없고 너무 큰 것도 없다"는 기도의 명언을
기억하자. 하나님은 우리에게 전방위적으로 필요한 것을 구하
고, 찾고, 문을 두드리라고 주문하신다. 팀 켈러 목사가 "기도를
알려거든 성경을 펼쳐라"고 강조하는 이유다.

하나님은 적극적으로 요구하는 자녀를 더욱 사랑하신다. 이
것이 바로 기도의 비밀이다. 요구하는 만큼 가져가는 것이다.
심지어 예수님은 "천국은 침노를 당하나니 침노하는 자는 빼앗
느니라"고 말씀하셨다.

예수님은 기도하면 하나님이 가장 좋은 것으로 주신다고 약
속하신다. 자녀가 떡을 달라고 할 때 돌을 줄 부모가 있겠는가.
자녀가 생선을 달라고 할 때 뱀을 줄 부모가 있겠는가. 악한 자
라도 자식에게 좋은 것을 줄 줄 알거든 하물며 하나님께서 구
하는 자에게 좋은 것을 주시지 않겠는가. 부모는 자녀가 요구
할 때 항상 더 좋은 것을 주고 싶어 하는 법이다.

기도의 방해물은 무엇일까. 의심이다. 과연 될까. 이런 생각

으로 기도하면 효과는 반감된다. 믿음과 의심이 동시에 떠오르면 의심이 이기기 때문이다. 야고보서가 기도하면서 의심하지 말라고 강조하는 이유다.

> † 너희 중에 누구든지 지혜가 부족하거든 모든 사람에게 후히 주시고 꾸짖지 아니하시는 하나님께 구하라. 그리하면 주시리라. 오직 믿음으로 구하고 조금도 의심하지 말라. 의심하는 자는 마치 바람에 밀려 요동하는 바다 물결 같으니 이런 사람은 무엇이든지 주께 얻기를 생각하지 말라(야고보서 1:5-7)

의심하는 것은 기도의 대상자를 믿지 못한다는 뜻이다. 의심하면 신뢰가 흔들린다. 하나님이 쉬지 않고 두려움, 근심, 걱정, 염려를 멀리하라고 하시는 이유다.

기도할 때는 어린 아이처럼 순수하게 하나님께 필요한 것을 알리면 된다. 아이들은 부모를 믿고 의심 없이 달라고 하지 않는가. 또한 친구처럼 하나님께 자연스럽게 이야기하면 된다. 미국의 A.W. 토저 목사는 『기도』에서 하나님을 오래 기다리게 하지 말 것을 당부한다.

"하나님은 인간이 자신을 찾아주기를 기다리고 계신다. 참으로 가슴 아픈 일은 많은 이들이 어리석게도 하나님을 너무 오래 기다리게 한다는 사실이다."

그래서 그는 강조한다.

"하나님께서 당신을 삶의 염려에 민감하게 해주시도록 기도하라. 다시 말하지만, 모든 일에 기도하라. 절대 기도의 힘을 과소평가하지 말라. 기도하지 않으면 승리할 수 없고, 기도하면 실패할 수 없다는 것을 명심하라."

김경진 목사가 새벽기도회에서 성도들의 마음을 헤아려 드린 기도문을 소개한다.

"오늘도 주님께 의지하며 간구합니다. 주님께서는 우리에게 아무것도 염려하지 말고, 오직 모든 일에 기도와 간구로 너희 구할 것을 감사함으로 하나님께 아뢰라고 말씀하셨지만, 우리는 참으로 연약하여서 늘 염려하고 근심하여 두려워하고 걱정하며 살아갑니다.

주님께서 기도와 간구를 명령하셨지만, 우리는 아직도 기도의 기쁨과 간구의 능력을 온전히 경험하지 못하여 늘 불안할 때가 많습니다. 염려가 우리 마음에 올라올 때 기도하게 하옵소서. 두려움이 몰려올 때 주님께 간구하게 하옵소서. 그리하여 위로부터 내려오는 신령한 은혜를 누리고, 마음의 평화를 얻게 하시고, 응답하시고, 우리의 길을 이끄시는 주님의 인도하심을 우리가 온전히 경험하게 하여 주시옵소서."

마르틴 루터가 기도의 본질에 대해 강조한 말을 잊지 말자.

"하나님께 기도하라. 그다음에는 하나님이 근심하게 하라."

3

복에 복을 더하고
영토를 넓혀주소서

　"새해 복 많이 받으세요." 한 해를 마무리할 때 우리는 복을 많이 받으라고 덕담을 건넨다. 새해가 신정과 구정 두 번이나 있으니 한 달 내내 복 받으라고 인사를 하는 셈이다. 새해 인사 기간이 끝나면 "행복하세요!"라고 말하면서 복 이야기는 계속된다. 복(福)의 사전적인 의미는 '삶에서 누리는 좋고 만족할 만한 행운, 또는 거기서 얻는 행복'이라고 정의할 수 있으니 우리는 사실상 1년 내내 복을 빌고 소망하고 있는 거나 마찬가지다.

　성경은 복 이야기를 많이 한다. 하나님은 믿음의 조상 아브라함에게 "내가 너로 큰 민족을 이루고 네게 복을 주어 네 이름을 창대하게 하리니 너는 복이 될지라"고 말씀하셨다. 아브라함 자체가 복이고 축복의 통로라는 의미다. 예수님은 산상수훈에서 "심령이 가난한 자는 복이 있나니 천국이 그들의 것임이요"라면서 여덟 가지 복을 말씀하셨다. 성경 속 주인공들의 마지막은 복 받는 이야기로 끝을 맺는다. 이렇게 하나님의 축복 이야기가 성경을 관통하고 있다.

　오래전에 발간된 『야베스의 기도』가 베스트셀러가 되면서 복 이야기가 더욱 화제가 되었다. 구약성경에 나오는 짧은 기도문인데 어마어마한 반향을 불러일으켜 당시에 주기도문 다음으로 유명한 기도문이 되었다.

> † 야베스가 이스라엘 하나님께 아뢰어 이르되, 주께서 내게 복을 주시려거든 나의 지역을 넓히시고, 주의 손으로 나를 도우사 나로 환난을 벗어나 내게 근심이 없게 하옵소서, 하였더니 하나님이 그가 구하는 것을 허락하셨더라(역대상 4:10)

　이 기도문은 한 문장인데 하나님께 기도하여 그대로 응답을 받았다는 내용이다. 구약성경 〈역대상〉의 1장부터 4장까지 이스라엘 족보가 나온다. 족보는 주로 이름만 나열하다가 갑자기 야베스에 대해 소개한다. 몇 줄에 불과하지만 다른 사람들은 이름만 나오는 족보라는 점을 감안하면 비중을 두고 소개한다는 것을 알 수 있다. '고통'이란 뜻의 야베스는 어머니가 고통을 겪으면서 아이를 낳았기 때문에 붙여진 이름이다. 고통스럽게 태어났지만 하나님께 기도하여 꿈을 이루고 존귀한 사람이 되었다.

『야베스의 기도』의 저자 브루스 윌킨슨은 하나님이 우리에게 주기 위해서 준비한 복은 인간의 상상력을 초월한다고 말한다.

"하나님은 당신이 요청하지 않아서 주지 못하는, 그래서 당신이 요청하기만을 기다리는 엄청난 복을 소유하고 계신다."

그러면서 '존'이라는 사람이 천국에 갔을 때 경험한 이야기를 소개한다. 베드로가 천국을 안내하면서 보여주지 않는 건물 하나가 눈에 띄었다. 창문은 없고 출입문 하나만 달려 있었다. 베드로는 안 보는 게 나을 거라고 말했지만 존이 보고 싶어 해서 마지못해 보여주었다. 존은 자기 이름 앞에 섰다.

"존이 열어본 상자 안에는 그가 세상에 살아 있는 동안 하나님께서 그에게 주기 원하셨던 많은 복들이 들어 있었다. 그러나 존은 전혀 구하지 않았었다."

하나님은 구하면 주시고 구하지 않으면 줄 수 없다는 진리를 일깨워준다. 기도의 중요성을 새삼 깨닫게 된다. 하나님은 복을 주실 준비가 되어 있다.

서울광염교회 조현삼 목사는 『복 · 일 · 밥 · 쉼』에서 "남자와 여자를 창조하시고 하나님이 그들에게 복을 주시며(창세기 1:27-28)"라는 말씀을 소개한다. 하나님이 사람을 창조하신 후 제일 먼저 하신 일이 복 주시는 일이었단다. 하나님은 사람에게 항상 복 주시기를 원하는 분이라며 이렇게 설명한다.

"하나님은 좋으신 분입니다. '너희 하늘 아버지께서 구하는 자에게 성령을 주시지 않겠느냐(누가복음 11:13)'의 평행 구절은 '하늘에 계신 너희 아버지께서 구하는 자에게 좋은 것으로 주시지 않겠느냐(마태복음 7:11)'입니다. 성령을 받는 것은 곧 좋은 것을 받는 것입니다. 복 받는 것은 곧 좋으신 하나님을 받는 것이라는 사실에 근거하면, 복 받으면 좋게 되는 것입니다."

기독교는 축복의 종교라고 할 정도로 복에 관한 이야기가 많다. 하나님의 말씀을 듣고 행하면 어떤 복을 받을까. 우리가 받는 복을 세어보면 한계가 없다. 우리가 받을 복을 상상만 해도 신나는 일이 아닐 수 없다.

> † 네가 네 하나님 여호와의 말씀을 청종하면, 이 모든 복이 네게 임하며 네게 이르리니, 성읍에서도 복을 받고 들에서도 복을 받을 것이며, 네 몸의 자녀와 네 토지의 소산과 네 짐승의 새끼와 소와 양의 새끼가 복을 받을 것이며, 네 광주리와 떡 반죽 그릇이 복을 받을 것이며, 네가 들어와도 복을 받고 나가도 복을 받을 것이니래(신명기 28:2-6)

하나님의 말씀을 듣고 순종한다면 들어와도 복을 받고 나가도 복을 받는다고 하니 얼마나 큰 축복인가. 예수님은 "무엇이든지 원하는 대로 구하라. 그리하면 이루리라"고 하셨다. 또 "내가 세상 끝 날까지 너희와 항상 함께 있으리라"고 약속하셨다. 이보다 더 큰 축복이 어디 있으랴.

4
히스기야의 기도,
생명을 15년 연장하다

"병원에 가면 기도가 저절로 된다."

건강한 사람은 자신을 돌아볼 여유가 없다. 하지만 건강에 이상 징후가 발견되면 하던 일을 멈추고 인생의 본질부터 살펴보게 된다. 몸이 아프면 기도가 자연스럽게 이루어진다. 수술하고 건강의 중요성을 깨달은 사람들이 이구동성으로 하는 말이 있다.

"건강이 최고이니 몸조심하세요. 내가 왜 좀 더 일찍 내 몸을 돌보지 않았는지 후회가 됩니다. 건강을 잃으면 모든 것을 잃으니 건강관리 잘 하세요."

불치의 병에 걸렸거나 시한부 인생을 사는 사람들이 가장 좋아하는 인물이 누구일까. BC 8세기에 통치한 남유다의 히스기야 왕이다. 다윗의 길을 걸었던 선한 왕 히스기야는 죽을병에 걸렸을 때 기도하여 생명이 15년이나 연장된 인물이다. 그는 선지자 이사야를 통해 "네가 죽고 살지 못하리라"는 하나님의 말씀을 전해 듣는다. 그러자 히스기야는 통곡하면서 절실하게 기도한다. 믿음의 기도가 하나님을 감동시켜서 "내가 네 기도를 들었고, 네 눈물을 보았노라. 내가 너를 낫게 하리니"라는 말씀과 함께 응답을 받는다.

> † 내가 네 날에 십오 년을 더할 것이며, 내가 너와 이 성을 앗수르 왕의 손에서 구원하고, 내가 나를 위하고 또 내 종 다윗을 위하므로 이 성을 보호하리라(열왕기하 20:6)

히스기야의 간절한 기도는 시한부 인생을 사는 사람과 중병에 걸린 사람들에게 복된 소식이다. 병원마다 히스기야의 기도가 울려 퍼진다. 성경에는 다양한 상황에서 다양한 응답을 받은 구체적인 사례들이 즐비하다.

서림교회 송재식 목사는 몇 번의 죽을 고비를 넘긴 불굴의 목회자다. 송 목사는 『걸어다니는 진흙 덩어리』에서 "오늘 내가 살아 있음도 모두 그분의 간섭과 섭리 아래 놓여 있습니다"라고 고백했다. 그는 30년 전 프랑스 파리 유학 중 마피아로 추정되는 괴한에게 총을 맞고 쓰러졌다. 실탄은 복부를 뚫고 갈비뼈 사이로 지나갔다. 1주일간 의식을 잃었던 송 목사는 살아나도 불구자가 될 것이라는 의사의 진단에도 다시 일어나 의료

진을 놀라게 했다. 사고 후 1년 만에 박사 학위를 받고 귀국하여 신학대학 교수를 거쳐 서림교회 담임목사가 되었다.

몇 년 전에는 중증 뇌졸중으로 쓰러졌다. 그가 다시 일어날 수 없을 것 같다는 생각을 하니 눈물이 멈추지 않았다. "목사님, 억지로라도 감사를 드리자고요. 살려만 주신 것에 감사하고, 좋은 성도님들 주심을 감사하고…." 송재식 목사는 아내인 사모의 말대로 무조건 하루에 3가지 감사를 드리는 감사노트를 쓰기 시작했다.

비뚤비뚤한 글씨로 101번째 감사편지를 쓰던 날 거짓말 같은 기적이 일어났다. 화장실 거울 앞에서 오른손을 들고 축도할 수 있었으면 좋겠다고 기도하는 순간, 손이 슬쩍 올라갔다. 말문도 터졌다. "에…어…아…우~와… 가아암~사아~암~니다." 2년 만이었다. 이후 송 목사는 한 편의 설교를 하기 위해 초등학생이 큰 소리로 국어책을 읽듯이 100번을 반복했다.

송 목사는 다시 설교를 시작하면서 고백한다. "몇 차례 죽음의 계곡을 지나고 보니 더욱 확실한 것은 오늘 사는 것이 순전히 하나님이 주신 기회요 은총일 뿐입니다. 그래서 저는 날마다 오늘이 마지막일 수 있다는 심정으로 종말론적 인생관을 가지고 목회합니다." 나는 중학교 동창인 송 목사를 만날 때마다 기적을 보고 있다는 생각이 든다.

강남세브란스 병원에 가면 현관에 걸려 있는 믿음의 기도에 대한 액자 속 말씀이 강한 빛처럼 다가온다.

† 믿음의 기도는 병든 자를 구원하리니 주께서 그를 일으키시리라(야고
보서 5:15)

생명 연장이 15년이든 20년이든 30년이든 기도한다고 전부
응답받는 것은 아니다. 하지만 히스기야의 기도 덕분에 소망을
갖고 절실한 마음으로 기도할 수 있는 것이다. 또한 오늘 하루
가 전부라는 종말론적 신앙으로 하루하루를 성실히 사는 자세
가 필요하다.

아프리카의 성자로 불리는 리빙스톤은 아프리카를 탐험하면
서 말로 다할 수 없는 고난을 당했다. 때로는 병에 걸려서 고생
하고 목숨의 위협을 느낀 적도 한두 번이 아니었다. "두렵지 않
습니까?"라는 기자의 질문에 그는 "사람은 자기의 사명을 다할
때까지 결코 죽지 않는다"라고 대답하여 기자를 놀라게 했다.

미국의 지미 카터 대통령은 퇴임 후에 가난한 사람들에게 집
을 지어주는 해비타트 운동 등의 봉사활동을 하며 더 존경받
고 있으며 노벨 평화상까지 받았다. 몇 해 전 카터 대통령은 간
암 판정을 받고 암이 뇌까지 전이되어 수술 전망이 밝지 않은
상황에서도 언론 인터뷰를 가졌다. 소감을 묻는 기자의 질문에
한 답변 역시 깊은 감동으로 아직도 남아 있다.

"저의 미래는 제가 예배하는 하나님의 손 안에 있습니다. 제 마음은 지극히 편안합니다. 나는 어떤 일에도 준비가 되어 있고, 나는 이제 영원한 모험을 기다리고 있습니다. 제가 좀 더 산다면 남아 있는 시간의 가장 커다란 보람은 제가 출석하는 조지아주의 고향 교회에서 청년 시절 하나님 앞에 약속한 그대로 주일학교 교사로서 하나님의 말씀인 성경을 성실히 가르치다가 주님 앞에 서는 것, 나는 부르심을 받는 그날까지 그 일을 할 것입니다."

고난 중에서 힘든 게 몸이 아플 때다. 일상적인 고난은 기도하면서 기다리면 된다. 하지만 육체적인 고난은 급하고 힘든 일이다. 통곡하는 기도이든 조용한 기도이든 하나님은 기도를 들으시며 응답하신다. 근심이 밀려올 때마다 기도해야 한다. 또한 주위에 "기도해주세요"라고 부탁해 함께 기도하는 것도 중요하다. 함께 기도하면 위로가 되고 더욱 큰 힘이 되기 때문이다. 기도할 수 없다면 얼마나 두렵고 걱정이 많겠는가. 기도할 수 있는 게 축복인 이유다.

5

남을 위해 기도하면
사랑이 움직인다

"신앙생활에서 중요한 두 가지가 무엇인가요?"

"말씀과 기도입니다."

"그러면 어려운 것 두 가지는 무엇인가요?"

"역시 말씀과 기도입니다."

기도에도 단계가 있다. 자신을 위한 기도에 익숙해지면 다음 단계로 다른 사람을 위해서 기도의 영역을 넓혀간다. 이것을 흔히 중보기도라고 한다. 사도 바울은 중보기도에 대해 "하나님은 한 분이시오. 또 하나님과 사람 사이에 중보자도 한 분이시니 곧 사랑이신 그리스도 예수"라며 명확하게 중보자의 정의를 내린다. 중보자는 하나님과 인간 사이에 죄로 말미암아 놓여있던 담을 허무시는 예수님뿐이다. 예수님 한 분만이 중보자가 되신다. 그래서 오늘날 우리가 드리는 모든 기도는 예수님의 중보에 의해 하나님께 드려질 수 있다.

중보기도는 기도의 범위를 넓게 해준다. 처음에는 자기를 위한 기도에 국한되지만, 점점 기도의 범위가 넓어진다. 가족, 친구, 직장 동료, 사회, 나라를 위한 기도 등으로 영역이 확대된다. 신앙이 깊어질수록 기도 시간이 길어지는 것은 중보기도 때문이다. 성경의 인물들은 중보기도의 주인공들이다. 구약성경의 아브라함, 모세, 다윗, 솔로몬, 엘리야, 느헤미야, 다니엘 등 구약의 인물들이 바로 민족과 나라를 위한 중보기도를 절실하게 드린 사람들이다.

예수님은 중보기도의 절정이다. 예수님은 인간의 죄를 구원하기 위해 이 땅에 오셔서 비천하게 태어나셨고 십자가의 고난과 죽음을 몸소 겪으셨다. 그리고 부활하여 인간에게 믿음, 소망, 사랑을 실천하셨다. 예수님은 주기도문을 가르쳐주시면서 "하늘에 계신 우리 아버지", "우리의 죄를 용서하여 주옵소서" 와 같이 내가 아니라 우리라는 공동체를 중시하셨다. 바로 중보기도의 중요성을 가르쳐주신 것이다.

예수님은 붙잡히기 전에 대제사장의 기도로 유명한 중보기도를 드린다. 요한복음 17장 전체가 기도문이다. 김경진 목사는 〈요한복음 강해〉에서 "예수님께서 하나님 아들로서의 영화를 위한 기도, 당시의 사랑하는 제자들을 위한 기도, 앞으로 예수를 믿을 사람들을 위한 기도를 드렸다"라고 소개한다. 예수님은 "내가 비옵는 것은 이 사람들만 위함이 아니요, 또 그들의 말로 말미암아 나를 믿는 사람들도 위함이니"라고 말씀하셨다. 김경진 목사는 "예수님은 앞으로 남은 제자들의 증언을 통해 복음을 믿는 많은 사람들이 일어나게 될 것을 예견하시고, 장차 예수님을 직접 보지 않고 믿을 사람들을 위해서도 기도하셨다"라고 설명한다. 예수님의 복음은 말을 통해서 전해진다. 기도의 마지막에 예수님이 원하시는 것은 무엇일까.

> † 내가 아버지의 이름을 그들에게 알게 하였고 또 알게 하리니, 이는 나
> 를 사랑하신 사랑이 그들 안에 있고 나도 그들 안에 있게 하려 함이니
> 이다(요한복음 17:26)

예수님의 사랑이 그들 안에 있고 예수님도 그들 안에 있게 한다는 뜻이다. 예수님은 "내가 네 안에 들어가고 싶다. 네 안에서 함께 지내고 싶다"고 간절히 기도하셨다. 예수님의 절실한 사랑을 느낄 수 있다.

사도 바울 이후 위대한 교부요 신학자로 평가받는 어거스틴은 『성 어거스틴의 고백록』에서 하나님이 찾아오신 감격을 이렇게 표현한다.

"하나님 담기실 어디가 아쉬우십니까? 하늘의 하늘이라도 땅의 땅이라도 그 어떤 것도 하나님을 감히 담을 수 없지만, 그러나 작고 작은 이 마음속 내 속에 들어오시고자 하시는 것입

니까. 거하실 어디가 아쉬우십니까?"

어거스틴은 어머니의 중보기도를 기억한다. 방탕한 생활을 하는 자신을 위해 눈물의 기도를 하신 어머니 덕분에 회심할 수 있었다. 어머니가 당시 주교를 찾아가 아들을 만나 달라고 부탁할 때를 회상하며 기록을 남겼다. "이제 돌아가시오. 염려할 것 없습니다. 이렇게 눈물을 흘리며 기도하는 어머니의 자식이 절대로 망할 리 없습니다." 어거스틴은 어머니의 눈물의 기도가 자신을 하나님께 인도했다고 진솔하게 고백했다.

나 역시 『감자탕 교회 이야기』를 쓸 때 중보기도의 힘을 실감했다. 교회 홈페이지에 매주 두 번씩 글을 올렸다. 글을 쓸 때마다 조현삼 목사와 많은 성도들이 댓글을 통해 칭찬과 격려를 보내며 기도해주었다. 그 기도에 용기를 얻어 힘이 든다는 생각을 하지 않은 채 기쁜 마음으로 글을 쓸 수 있었다. 중보기도가 없었다면 글을 쓸 용기와 지혜가 생기지 않았을 것이다.

기도할 때 놀라운 능력이 나타난다. 기도하면 사랑이 움직이고, 사랑이 동사가 된다. 하나님을 사랑하고 이웃을 사랑하게 된다. 중보기도는 사랑의 실천이며 기도가 곧 사랑이다.

6

52일 만에
성벽을 완성하다

"출애굽과 바벨론 포로 귀환."

이스라엘 역사에서 두 가지 큰 사건이다. 식민지 상태를 벗어
나 해방과 자유를 찾은 여정이기 때문이다. 출애굽 사건은 지
도자 모세 때 이스라엘 민족 전체가 애굽에서 집단적으로 자유
를 찾아 이주했던 사건이다. 바벨론 포로 귀환은 세 차례에 걸
쳐 일어났다.

바사의 고레스 왕은 BC 538년에 1차 포로 귀환에 관한 칙령
을 발표했다. 이에 따라 약 5만 명의 유대인 포로들이 지도자
스룹바벨의 주도하에 예루살렘으로 돌아왔다. 귀환 후 시작했
던 성전 재건은 주위의 방해로 20년이 지나서야 가까스로 완성
되었다. 이것이 솔로몬 성전에 이어 두 번째 성전인 스룹바벨
성전이다. 세월이 흘러 BC 457년 학사 에스라가 2차 포로 귀
환을 주도하여 약 2,000명의 포로가 돌아왔다. 3차 포로 귀환

은 BC 444년 느헤미야가 주도하여 이루어졌다.

유대인 포로 출신 2세인 느헤미야는 바사 왕의 신임을 받아 고위직인 술 관원이 되었다. 그는 형제를 통해 예루살렘 성이 허물어지고 성문들이 불탔다는 조국의 소식을 듣고 며칠 동안 슬피 울면서 금식하며 "하늘의 하나님 여호와 크고 두려우신 하나님이여, 주를 사랑하고 주의 계명을 지키는 자에게 언약을 지키시며, 긍휼을 베푸시는 주여 간구하나이다"라고 간절히 기도했다.

기도한 후 느헤미야는 이스라엘 조상들이 범한 죄들을 하나님께 회개하고, 계명과 율법을 지키지 않았음을 고백하고 용서를 빌었다. 그리고 자기 민족을 위해 해야 할 사명을 깨닫는다. 그는 쉬지 않고 기도하는 사람이었다. 그가 왕의 측근인 술 관원이 될 때도 기도가 이루어졌다.

"오늘 종이 형통하여 이 사람 앞에서 은혜를 입게 하옵소서 하였나니, 그때에 내가 왕의 술 관원이 되었느니라."

그는 신실하게 일한 덕분에 당시 아닥사스다 왕의 큰 신임을 받고 있었다. 왕이 느헤미야의 얼굴을 보고 "네가 병이 없거늘 어찌하여 얼굴에 수심이 있느냐?"라고 묻자 "내 조상들의 묘실이 있는 성읍이 이제까지 황폐하고 성문이 불탔사오니 내가 어찌 얼굴에 수심이 없사오리이까?"라고 대답했다. 왕은 "네가 무엇을 원하느냐?" 하고 호의를 베풀었다.

† 왕이 만일 좋게 여기시고, 종이 왕의 목전에서 은혜를 얻었사오면, 나
를 유다 땅 나의 조상들의 묘실이 있는 성읍에 보내어 그 성을 건축하
게 하옵소서(느헤미야 2:5)

왕은 느헤미야를 예루살렘 총독으로 임명하고, 국경을 통과
하는 나라들의 총독들에게 조서를 내려 안전한 통행을 보장해
주었다.

꿈에 그리던 고향 예루살렘에 무사히 도착한 느헤미야는 치
밀한 계획을 세웠다. 사흘 동안 관계되는 사람들을 만나 의견
을 들었다. 그 후 밤에 측근 몇 명만 데리고 비밀리에 현장을
방문하여 무너진 성벽과 불탄 성문을 직접 확인했다. 현장의
문제점을 정확히 파악한 후에 성벽 복원 계획을 세웠다. 그리
고 느헤미야는 그들에게 하나님의 선한 손이 자신을 도와 고
위직에 오르게 하였고, 왕이 여기까지 오면서 행한 일들을 진
솔하게 설명해주었다. 느헤미야의 말을 듣고 감동한 백성들이
"일어나 건축하자" 하며 모두 힘을 내어 자발적으로 참여했다.

느헤미야는 이방 민족들의 온갖 위협과 음해 공작을 이겨내
며 52일 만에 성벽 수축 공사를 기적적으로 완공했다.

어떻게 이런 일이 가능했을까. 그는 인사관리와 보상관리의
달인이었다. 성벽 공사에 참여한 사람들의 이름을 신상명세서
에 기록하여 업무실명제를 실시했다. 혼자서 독단적으로 일하

지 않고 팀워크를 이루어 일하는 지도자였다. 최단 시일 내에 성벽 공사를 마무리한 느헤미야는 제사장 겸 학사 에스라가 말씀 중심의 영적인 대각성운동을 펼치도록 지원했다.

새로운교회 한홍 목사는 『세상 중심에 서다』에서 느헤미야와 에스라의 관계를 이렇게 설명한다.

"학사 에스라는 느헤미야보다 14년 먼저 백성들을 이끌고 귀환한 유대 백성들의 지도자였다. 두 사람은 함께 한 시대를 이끌었던 쌍두마차와도 같다. 느헤미야가 주로 백성들의 살림과 국방을 돌보는 행정적 지도자였다면, 에스라는 말씀으로 백성들의 영혼을 새롭게 해준 영적 지도자였다. 느헤미야보다 훨씬 연상이었던 에스라는 그 누구보다도 느헤미야의 개혁을 자랑스러워했고, 축복했으며, 든든한 영적 후원자가 되어 주었다."

그리고 느헤미야가 보여준 놀라운 리더십은 말씀과 기도의 힘에서 나왔다고 덧붙인다.

"마지막 개혁도 기도로 마무리했다. '내 하나님이여 나를 기억하사 복을 주옵소서.' 느헤미야의 개혁은 항상 말씀 중심, 기도 중심이었다. 그에게 말씀은 개혁의 기준과 목표가 되었고, 기도는 개혁할 수 있는 힘과 용기를 하나님에게서 얻는 도구였다."

7

다니엘처럼 습관에 따라
기도하라

"사자굴 속에 던져졌지만 살아나온 다니엘."

구약성경에서 참 유명한 이야기다. 다니엘은 바벨론이 BC 605년 1차로 이스라엘을 침공하였을 때 바벨론에 포로로 붙잡혀온 인물이다. 어릴 때 끌려와 3명의 친구들과 함께 바벨론의 엘리트 교육을 받았다. 바벨론에 친화적인 인재를 만들기 위한 정책이었다. 다니엘은 왕의 꿈을 해석한 능력을 인정받아 바벨론과 바사 두 왕국에 걸쳐 4명의 통치자 아래서 고위직을 지냈다. 다리오 왕은 3명의 총리를 두어 전국을 통치하도록 하였고 마침내 다니엘을 수석 총리로 임명했다.

"다니엘은 마음이 민첩하여 총리들과 고관들 위에 뛰어나므로 왕이 그를 세워 전국을 다스리게 하고자 한지라."

그것이 문제였다.

"총리들과 고관들이 국사에 대하여 다니엘을 고발할 근거를 찾고자 하였으나 아무 근거, 아무 허물도 찾지 못하였으니 이는 그가 충성되어 아무 그릇됨도 없고 아무 허물도 없음이었더라."

탁월한 행정 전문가인 다니엘을 시기한 정적들이 허물을 찾기 위해 이 잡듯이 뒤졌지만, 아무런 성과가 없었다. 그러자 정적들은 "이제부터 삼십 일 동안에 누구든지 왕 외의 어떤 신에게나 사람에게 무엇을 구하면 사자굴에 던져 넣기로 한 것이니이다"라는 왕 숭배에 관한 법을 만들어 왕을 압박했다. 결국 왕은 조서에 도장을 찍지 않을 수 없었다. 다니엘은 이 법에 걸려들었다.

> † 다니엘이 이 조서에 왕의 도장이 찍힌 것을 알고도, 자기 집에 돌아가서는 윗방에 올라가 예루살렘으로 향한 창문을 열고, 전에 하던 대로 하루 세 번씩 무릎을 꿇고 기도하며 그의 하나님께 감사하였더라(다니엘 6:10)

왕은 수석 총리인 다니엘을 무척 아껴 그를 구하기 위해 백방으로 노력하였으나 달리 방법을 찾지 못했다. 할 수 없이 왕은 법대로 다니엘을 사자굴에 던져 넣으면서 다니엘에게 "네가 항상 섬기는 너의 하나님이 너를 구원하시리라"는 희망을 내비쳤다. 왕은 밤새 금식하고 오락을 금하고 뜬 눈으로 밤을 새고 새벽에 다니엘의 생사를 확인하기 위해 사자굴로 달려갔다. 다니엘이 살아있는 것을 보고 안도의 한숨을 내쉬었다.

† 다니엘이 왕에게 아뢰되 왕이여 원하건대, 왕은 만수무강 하옵소서. 나의 하나님이 이미 그의 천사를 보내어 사자들의 입을 봉하셨으므로 사자들이 나를 상해하지 못하였사오니, 이는 나의 무죄함이 그 앞에 명백함이오며 또 왕이여 나는 왕에게도 해를 끼치지 아니하였나이다 (다니엘 6:21-22)

다니엘은 사자굴에 들어갈 때의 모습 그대로 살아 있었다. 왕은 기뻐하여 하나님이 보호해주었다는 믿음을 가졌다. 그리고 다니엘을 모함한 사람들을 가족과 함께 사자굴에 집어넣어 사자 밥이 되도록 했다. 다니엘의 전문성, 탁월성, 담대한 믿음이 많은 사람의 사랑을 받고 있다. 외국인들 중에 다니엘이라는 이름이 많은 것도 이를 입증한다.

다니엘은 오륜교회 김은호 목사가 '열방과 함께 하는 다니엘 기도회'를 20년 동안 이끌면서 관심을 모았다. 다니엘기도회는 21일 동안 기도하면서 개인과 공동체가 은혜를 받는 운동이다. 처음에는 오륜교회에서 시작해 인터넷을 통해서 국내외 1만여 교회, 40만 명이 참여하는 초교파적 기도운동으로 확산되었다. 김은호 목사는 "21일간 함께 기도하니까 하나님은 기도하는

모든 성도와 교회에 치유와 회복, 도전과 변화, 연합하는 기도
의 능력을 베풀어 주셨다"면서 "공동체를 위한 기도, 나라와 민
족을 위한 기도는 마음을 합쳐서 하는 게 중요하다"라고 강조
했다.

　김 목사는 지금까지의 다니엘기도 운동을 정리하여 『기도의
현장에서 승리하라』를 발간했다. 김 목사는 "다니엘도 기도의
현장에서 승리했기 때문에 사자굴 속에서도 승리할 수가 있었
다"며 "기도밖에 없는 것이 아니라 기도가 전부다!"라고 기도
의 중요성을 역설했다.

8
사람을 대할 때
하나님께 하듯이 하라

"성공의 비결이 무엇인가요?"

"인간관계를 잘 하세요. 결국 사람입니다."

성공하고 행복한 인생을 사는 비결은 인간관계에 달려있다. 인간관계가 좋아야 성공하고 행복한 사람이 될 수 있다. 인간관계가 어려우면 세상 사는 게 힘들어진다.

인간관계를 어떻게 하면 잘할 수 있을까? 예수님이 산상수훈에서 말씀하신 황금률이 정답이다. "남에게 대접을 받고자 하는 대로 너희도 남을 대접하라"는 말씀이 그대로 적용된다.

이러한 인간관계를 더욱 확실하게 실천하는 방법이 있다. 사도 바울이 그 해답을 명쾌하게 알려준다. 특히 상사와 어떻게 인간관계를 잘 맺을 수 있는지 가르쳐준다. 인간관계의 어려움은 상사와의 관계에서 발생한다. 바울은 상사를 일시적으로 기쁘게 하기 위해 눈가림하지 말고 성실한 마음으로 존중하라고 권면한다.

✝무슨 일을 하든지 마음을 다하여 주께 하듯 하고, 사람에게 하듯
하지 말라(골로새서 3:23)

우리가 일할 때 하나님께 하듯이 마음을 다하면 어떻게 될까.
하나님은 인간의 마음을 통찰하고 계신 분이다. 모든 것을 알고
계시는 하나님을 대할 때는 온 마음으로 섬기게 된다. 사람의
눈을 의식하여 하는 행동과는 다르다. 사람을 대할 때 하나님을
대하듯이 하면 누구든 좋은 인상을 받지 않을 수 없으리라.
어떻게 하나님께 하듯이 인간관계를 할 수 있을까. 비결은 기
도다. 만나는 사람을 위하여 마음과 뜻을 다해 기도한다. 기도
하고 만나면 달라진다. 기도는 사람의 마음을 가장 좋은 방향
으로 움직인다. 기도의 효과는 기도하는 사람의 마음이 먼저
변한다. 동시에 기도 받는 사람의 마음도 달라진다. 기도가 몸
에 밴 사람을 만나면 이구동성으로 "하나님이 기도를 들으시고
이미 상대방의 마음을 어루만져서 놀라운 일이 생겼어요"라고
고백한다. 기도는 상대방을 무장 해제시키는 놀라운 힘을 가지
고 있다. 바울은 또한 윗사람에게도 하나님이 결재자임을 알라
고 가르친다.
"상전들아, 의와 공평을 종들에게 베풀지니 너희에게도 하늘

에 상전이 계심을 알지어다."

하나님이 나의 직장 상사이고 결재자라고 생각하면 말과 행동이 달라진다. 전지전능하신 하나님이 보고 계시다고 생각하면 부하 직원을 함부로 대할 수가 없는 법이다.

조현삼 목사는 『관계 행복』에서 사람과 사람 사이의 관계가 행복해지는 8가지 방법을 소개한다.

"연약함은 도와주라. 부족함은 채워주라. 허물은 덮어주라. 좋은 것은 말해주라. 뛰어난 것은 인정해주라. 가족은 돌아보라. 이웃은 더불어 살라. 원수는 없애라."

중국대사와 통일원 장관을 지낸 김하중 대사는 『하나님의 대사』 책으로 유명하다. 외교부 대사 출신인 김 대사는 자신을 하나님 나라의 파송을 받은 하나님의 대사로 여기고, 공직생활 중 기도를 통해 응답받은 내용들을 책에 밝혔다. 그는 김대중 대통령 때 청와대에서 3년 8개월을 근무하고 중국대사로 나갔다. 김대중 대통령과 학연, 혈연, 지연 등 아무런 연고도 없었다. 그가 어떻게 대통령의 절대적인 신임을 받을 수 있었을까. 그는 쉬지 않고 하는 기도 덕택이었다고 고백한다.

그는 대통령을 만나러 갈 때 항상 기도했다. 하나님께 기도하고 함께해달라고 간청한 후에 만났다. 급하게 대통령을 만나느라 기도하지 못했을 때는 "대통령님 죄송합니다. 제가 잊어버리고 온 게 있어서 잠깐 다녀오겠습니다"라고 양해를 구한 후 나와서 기도하고 다시 들어갔다.

"비서관이 대통령을 3~4분이나 기다리게 한다는 것은 말이 되지 않지요. 그러나 기도하지 않고는 대통령께 보고할 수 없었어요."

기도하면 하나님께서 용기를 주어서 정직하게 보고할 수 있었다. 그는 대통령께 예스(Yes)와 노(No)를 분명하게 했다. 기도하고 나면 하나님께서 정답을 주시고 담대하게 말할 수 있는 용기를 주시기 때문이다. 대통령이 지시할 때 사리에 맞지 않으면 "하시면 안 됩니다"라고 과감하게 직언을 했다. 그의 진심을 안 대통령은 어느 날 "대통령한테 노라고 말하는 것이 쉬운 일이 아닌데, 김 비서관은 진심으로 '안 된다'는 이야기를 하는 훌륭한 사람"이라며 "앞으로 내가 지시하더라도 해서는 안 되는 일이면 반드시 안 된다고 말해주세요. 그것이 김 비서관의 사명입니다"라고 지시했다.

어느 날 대통령이 불렀다.

"청와대에 근무한 지 얼마나 되었나요?"

"3년 8개월입니다."

"오랫동안 고생 많았어요. 이제 중국대사로 봉사하세요."

그렇게 중국대사로 부임했고, 6년 6개월 동안 근무하면서 최장수 기록을 세웠다.

사람을 대할 때 하나님께 하듯이 기도하고 행동하면 그 기도가 결실을 맺게 되리라. 누군가를 만날 때 기도한 후의 만남과 기도 없이 만나는 것은 질적으로 다르게 느껴진다. 기도의 신기한 힘이다. 기도하고 사람을 만나면 마음의 평강이 유지된다.

9

너희 말이 내 귀에
들린 대로 행하리라

　하나님은 천지를 무엇으로 창조하셨는가?

　창세기 1장에 하나님이 말씀으로 천지를 창조하시는 과정이 나온다. 말씀을 하시면 그대로 되었고 보시기에 좋았다. 하나님은 이렇게 말씀으로 천지를 창조하셨다.

　"빛이 있으라 하시니 빛이 있었고."

　"하나님이 보시기에 좋았더라."

　"물 가운데에 궁창이 있어 물과 물로 나뉘라."

　"그대로 되니라."

　"천하의 물이 한곳으로 모이고 뭍이 드러나라."

　"그대로 되니라."

　하나님은 천지를 창조하시고 마지막에 하나님의 형상대로 사람을 지으시고 세상을 다스리는 능력을 주셨다.

　"하나님이 그들에게 이르시되 생육하고 번성하여 땅에 충만하라. 땅을 정복하라. 바다의 물고기와 하늘의 새와 땅에 움직이는 모든 생물을 다스리라."

하나님은 인간에게 말로 다스리는 능력을 주셨다. 하나님은 막강한 능력을 가진 말을 사람에게 주셨다. 세상은 말로 살아간다. 말은 힘이 있다. 생명력이 있다. 하나님이 말씀하시면 그대로 되듯이 사람도 말하면 그대로 되는 힘을 가지고 있다. 인간이 타락하면서 말도 타락하고 달라졌다. 살리는 말과 죽이는 말이 생겼다.

"말이 씨가 된다." 누구나 아는 우리 말 속담이다. 우리 조상들은 말이 얼마나 중요한지를 알고 있었다. 말은 씨처럼 자라는 생명력이 있다. 말은 힘이 있고, 능력이 있다.

예수님은 질병을 고치실 때도 자연을 꾸짖으실 때도 모두 말씀으로 하셨다.

"내가 원하노니 깨끗함을 받으라 하시니 즉시 그의 나병이 깨끗하여진지라."

"예수께서 깨어 바람을 꾸짖으시며 바다더러 이르시되, 잠잠하라, 고요하라 하시니 바람이 그치고 아주 잔잔하여지더라."

성경은 말씀으로 가득 차 있다. 말씀은 말한 대로 이루어지는 힘이 있다. 성경은 말이 씨가 되어 말한 대로 이루어지는 역사를 담고 있다. 이스라엘 민족은 말씀에 순종하다가도 틈만 나면 하나님으로부터 멀어지는 청개구리의 모습을 보였다. 모세가 광야에 보낸 정탐꾼의 이야기가 대표적이다. 모세가 뽑은 12명의 정탐꾼이 40일 동안 가나안 땅을 정탐한 결과를 보고했는데 그중 10명이 부정적인 보고를 했다.

"우리가 두루 다니며 정탐한 땅은 그 거주민을 삼키는 땅이요. 거기서 본 모든 백성은 신장이 장대한 자들이며, 거기서 네피림 후손인 아낙 자손의 거인들을 보았나니, 우리는 스스로보기에도 메뚜기 같으니 그들이 보기에도 그와 같았을 것이니라."

반면에 여호수아와 갈렙은 긍정적인 보고를 했다.

† 이는 과연 젖과 꿀이 흐르는 땅이니라. 다만 여호와를 거역하지는 말라. 또 그 땅 백성을 두려워하지 말라. 그들은 우리의 먹이라. 그들의 보호자는 그들에게서 떠났고 여호와는 우리와 함께 하시느니라. 그들을 두려워하지 말라(민수기 14:8-9)

보고를 들은 이스라엘 백성은 어떤 반응을 보였을까.

"이스라엘 자손이 다 모세와 아론을 원망하며 온 회중이 그들에게 이르되, 우리가 애굽 땅에서 죽었거나, 이 광야에서 죽었으면 좋았을 것을. 어찌하여 여호와가 우리를 그 땅으로 인도하여 칼에 쓰러지게 하려 하는가. 우리 처자가 사로잡히리니 애굽으로 돌아가는 것이 낫지 아니하랴."

같은 곳을 보고 어쩌면 이렇게 말이 다를까. 이 말들을 다 들으신 후 하나님께서 말씀하셨다.

† 너희 말이 내 귀에 들린 대로 내가 너희에게 행하리니(민수기 14:28)

하나님이 들린 대로 실행하겠다고 말씀하셨다. 무서워서 들어갈 수 없다고 한 사람들은 광야에서 죽도록 하셨다. 하지만 할 수 있다고 말한 여호수아와 갈렙은 가나안에 들어가도록 허락하셨다. 말한 대로 이루어지는 놀라운 역사를 보여주셨다.

조현삼 목사는 말의 힘을 누구보다도 잘 알고 실천하는 목회자다. 청년 시절에 "너희 말이 내 귀에 들린 대로 내가 너희에게 행하리니"라는 말씀을 듣고 충격을 받았다. 내가 한 말이 그대로 열매를 맺는다니 이 얼마나 놀랍고 무서운 일인가. 그때부터 부정적이고 비판적인 말은 아예 입 밖에 내지 않았다. 농담조차도 하지 않았다. 좋은 말을 만들고 좋은 말을 쓰니까 말이 열매 맺는 것을 체험하면서 『말의 힘』이란 책도 발간했다.

조 목사는 하나님은 말뿐만 아니라 생각까지도 다 들으신다고 강조한다.

"하나님은 우리가 하는 모든 말을 다 들으신다. 우리가 하는 모든 말이 하나님의 귀에 들린다. 하나님께 드리는 기도도, 다른 사람과 나누는 대화도, 우리 자신과 나누는 대화인 생각도

하나님은 다 들으신다. 시편 기자의 고백처럼 하나님은 우리의 말을 알지 못하시는 것이 하나도 없으시다. 사람의 말을 다 들으시는 하나님이 너희 말이 내 귀에 들린 대로 내가 너희에게 행하리라고 말씀하신다."

조 목사는 "쉬지 말고 기도하라"의 의미를 덧붙인다.

"기도뿐만 아니라 우리가 하는 모든 말, 대화, 생각까지도 하나님이 다 들으신다고 생각하면 사실상 우리는 쉬지 않고 기도하는 것이나 마찬가지다."

사도 바울은 "무릇 더러운 말은 너희 입 밖에도 내지 말고, 오직 덕을 세우는 데 소용되는 대로 선한 말을 하여 듣는 자들에게 은혜를 끼치게 하라"면서 "음행과 온갖 더러운 것과 탐욕은 너희 중에서 그 이름조차도 부르지 말라"고 역설한다. 좋은 생각과 말을 하도록 쉬지 않고 기도해야 하는 이유다. 하나님께 좋은 말이 들리도록 생각과 혀를 다스리는 지혜가 필요하다.

10
한 시간도 깨어
있을 수 없느냐

예수님은 공생애를 시작하시면서 가장 먼저 기도하셨다. 세례 요한에게 세례를 받으시고 기도하실 때에 하늘에서 하나님의 음성이 들렸다. "이는 내 사랑하는 아들이요. 내 기뻐하는 자라." 오병이어의 기적을 일으키실 때도 먼저 하늘을 우러러 감사의 기도를 드렸다. 기적을 행하신 후에 산에 올라가서 기도하셨다. 제자들에게 "이렇게 기도하라"면서 주기도문을 가르쳐주셨다.

예수님은 십자가를 지시기 전에 마지막 기도를 하러 제자들과 함께 겟세마네 동산으로 가셨다. 제자들에게 "내가 저기 가서 기도할 동안에 너희는 여기 앉아 있으라"고 하셨다. 그리고 베드로와 야고보와 요한에게는 더 나아가서 "너희는 여기 머물러 나와 함께 깨어 있으라" 당부하고서 앞으로 더 이동하시어 얼굴을 땅에 대시고 엎드려 기도하셨다.

✝ 내 아버지여 만일 할 만하시거든 이 잔을 내게서 지나가게 하옵소
   서. 그러나 나의 원대로 마시옵고 아버지의 원대로 하옵소서(마태복음
   26:39)

예수님이 기도를 마치고 잠시 돌아왔을 때 제자들이 피곤해
서 자고 있었다.

✝ 너희가 나와 함께 한 시간도 이렇게 깨어 있을 수 없더냐. 시험에 들
   지 않게 깨어 기도하라. 마음에는 원이로되 육신이 약하도다(마태복음
   26:40-41)

다시 두 번째 나아가 기도하셨다.

✝ 내 아버지여 만일 내가 마시지 않고는 이 잔이 내게서 지나갈 수 없거
   든 아버지의 원대로 되기를 원하나이다(마태복음 26:42)

돌아와 보니 제자들이 또 자고 있었다. 제자들의 피곤함을 아
시고 그들을 두고 다시 나아가 기도한 후 돌아오셨다. 제자들
에게 "이제는 자고 쉬라"고 하시면서 제자인 가룻 유다의 배반
으로 붙잡혀 십자가의 길을 준비하게 된다.
   하나님의 아들이 인간을 위해 고난의 길을 가야한다. 하지만

가장 처참한 길을 가야하는데도 그 길을 놓고 고뇌하는 인간적인 모습을 보여주셨다. 예수님은 땀방울이 핏방울 같이 되도록 처절하게 기도하셨다.

요한복음에 마지막 기도의 내용이 구체적으로 나와 있다. 예수님이 지는 십자가의 길은 인간을 사랑하는 징표로서 가장 처참한 방법으로 하나님의 영광을 위하는 길이다. 예수님은 남아 있는 제자들이 당할 두려움과 고난을 생각하시면서 "나는 세상에 더 있지 아니하오나, 그들은 세상에 있사옵고, 나는 아버지께로 가옵나니, 거룩하신 아버지여, 내게 주신 아버지의 이름으로 그들을 보전하사, 우리와 같이 그들도 하나가 되게 하옵소서"라고 간절하게 기도하셨다.

하지만 제자들의 모습은 어떠한가. 예수님은 십자가의 죽음을 앞두고 전심으로 기도하는데 제자들은 한 시간도 깨어 있지 못하고 피곤해서 자고 있었다. 예수님은 "마음에는 원이로되 육신이 약하도다"라고 하시면서 제자들의 피곤함을 이해해주셨다.

사도 바울은 우리 인간이 얼마나 연약한 존재인지를 고백한다.

"오호라 나는 곤고한 사람이로다. 이 사망의 몸에서 누가 나를 건져내랴. 우리 주 예수 그리스도로 말미암아 하나님께 감사하리로다. 그런즉 내 자신이 마음으로는 하나님의 법을 육신으로는 죄의 법을 섬기노라."

행위가 완벽한 사람은 없다. 인생이 힘들고 자신의 행위에 부끄러움을 느낄 때 사도 바울의 고백이 우리의 실존을 깨닫게 해준다.

유기성 목사는 『한 시간 기도』에서 기도해야 하는 이유를 설명한다.

"기도는 주님을 만나는 시간입니다. 기도에 능력이 있는 이유는 기도가 주님과의 확실한 교제 시간이기 때문입니다. 기도는 우리를 힘들게 하는 게 아니라 힘을 얻게 해줍니다. 우리가 기도하지 않으니까 도리어 삶이 힘든 것입니다. 기도를 하면 삶 자체가 쉬워집니다. 그것이 기도입니다. 그래서 주님이 제자들에게 '한 시간도 깨어 있을 수 없더냐'라고 말씀하신 것입니다. 육신이 약하기 때문에 우리는 반드시 기도해야 합니다."

로마를 알면 신약성경이 잘 보인다

"예수님은 로마 제국의 식민지 팔레스타인 지역에서 탄생하셨다."

"유대 총독 빌라도에게 십자가형을 선고받고 돌아가셨다."

"베드로와 바울은 로마에서 순교했다."

예수님의 탄생과 돌아가심, 베드로와 바울의 순교가 모두 로마 제국과 관련이 있다. 로마 제국의 역사와 배경을 이해하면 신약성경이 더욱 실감나게 다가온다. 나는 『행복한 로마 읽기』에서 신약성경과 로마 제국과의 관계를 소개했다. 복음서와 사도행전을 보면 로마 제국과의 관계가 상세히 나타나 있다. 예수님의 어머니 마리아는 예수님을 잉태한 상태에서 호적을 하러 예루살렘으로 올라갔다.

† 그때에 가이사 아구스도가 영을 내려 천하로 다 호적하라 하였으니, 이 호적은 구레뇨가 수리아 총독이 되었을 때에 처음 한 것이라(누가복음 2:1-2)

로마 제국 초대황제인 아우구스투스가 로마 제국 전역에 인구조사 실시를 명령해 마리아는 본적지에 호적 하러 갔다. 예수님이 탄생하셨을 때 이스라엘은 로마 제국의 식민지여서 총독이 다스렸다. 그러나 현지의 왕은 헤롯이었다. 헤롯은 정통 유대인이 아니고 야곱의 형 에서가 이방인 여인과 결혼하여 난 자손이어서 열등감이 있었다. 헤롯은 로마의 권력자인 안토니우스에게 신임을 얻어 유대의 왕이 되었다. 그리고 아우구스투스가 안토니우스를 물리치고 로마 제국 초대 황제에 오르자 황제에게도 신임을 얻어 왕위를 유지했다.

예수님이 공생애를 시작하실 때의 정치 상황은 어떠했을까.

† 디베료 황제가 통치한 지 열다섯 해 곧 본디오 빌라도가 유대의 총독으로, 헤롯이 갈릴리의 분봉 왕으로(누가복음 3:1)

디베료 황제는 로마 제국 2대 황제인 티베리우스 카이사르를 말한다. 티베리우스는 서기 14년에 황제가 되었으니 서기 29년 정도로 추정된다. 바리새인들이 예수님께 "로마 황제인 가이사에게 세금을 바치는 것이 옳습니까? 옳지 않습니까?"라고 고약한 질문을 한다. 예수님은 "가이사의 것은 가이사에게, 하나님의 것은 하나님께 바치라"는 절묘한 답변으로 올무에서 벗어날 수 있었다. 가이사가 바로 카이사르 로마 황제를 말한다.

> † 빌라도가 예수께 물어 이르되, 네가 유대인의 왕이냐, 대답하여 이르시되 네 말이 옳도다(누가복음 23:3)

예수님이 마지막에 법정에서 심문을 당할 때는 빌라도가 총독이었다. 빌라도는 예수를 놓아주려 했으나 민중의 반란이 두려워 십자가형을 선고한다. 주기도문에 "본디오 빌라도에게 고난을 당하시고"라고 나와 있으니 순간의 잘못된 판단으로 영원한 불명예의 장본인이 되고 말았다.

> † 그 후에 바울이 아덴을 떠나 고린도에 이르러, 아굴라라 하는 본도에서 난 유대인 한 사람을 만나니, 글라우디오가 모든 유대인을 명하여 로마에서 떠나라 한 고로, 그가 그 아내 브리스길라와 함께 이달리야로부터 새로 온지라(사도행전 18:1-2)

사도행전을 보면 바울이 고린도에서 선교여행 때도 로마 황제 이름이 나온다. 4대 황제인 클라우디우스 황제가 서기 49년 모든 유대인을 로마에서 추방하는 명령을 내렸는데 이때 아굴라와 브리스길라 부부가 로마를 떠나 고린도에서 머물고 있다가 바울을 만난다. 바울은 로마 시민권자인 까닭에 재판을 받기 위해 죄수의 신분으로 로마로 가게 된다. 이때의 총독이 베스도다.

> † 베스도가 배석자들과 상의하고 이르되, 네가 가이사에게 상소하였으니 가이사에게 갈 것이라 하니라(사도행전 25:12)

로마 제국 5대 황제 네로 때 기독교 박해가 본격화되었다. 서기 64년 로마에 큰 화재가 발생했다. 네로가 새 궁전을 짓기 위해 불을 질렀다는 소문이 시민들 사이에 불길처럼 퍼져 나갔다. 네로는 죄 없는 기독교인들을 희생양으로 삼았다. 방화범이라고 지목하고 '방화죄 및 인류 전체를 증오한 죄' 등으로 체포하여 많은 사람을 잔인한 방법으로 처형하였으나 소문을 잠재우지 못했다. 이때부터 기독교 탄압이 본격화되고 지속되었다.

기독교에 대한 가혹한 탄압은 콘스탄티누스 황제가 서기 313년 '밀라노 칙령'을 선언하여 기독교를 공인함으로써 막을 내렸다. 서기 325년에는 '니케아 공의회'를 개최하여 당시 기독교 세계의 최대 쟁점이었던 '아리우스파 논쟁'을 종식시켰다. 즉 "예수가 신인가? 인간인가?"를 놓고 벌어진 논쟁에서 예수는 신이라고 믿는 '신성론자'들의 손을 들어 주어 성부, 성자, 성령 삼위일체의 기초를 마련했다.

또한 콘스탄티누스 황제는 서기 330년 제국의 수도를 로마에서 비잔티움으로 옮겼다. 서기 337년에 그가 죽은 후 비잔티움은 '콘스탄티누스의 도시'라는 뜻의 콘스탄티노플(현재 이스탄불)로 이름을 바꾸었다. 콘스탄티노플은 세계 최초의 기독교 도시로서 이후 천년이 넘는 세월 동안 비잔티움 제국의 수도가 되었다.

테오도시우스 황제는 서기 392년 정통파 기독교를 국교로 공인했다. 그는 로마의 전통 종교, 이교, 이단을 법적으로 엄격하게 금지했다. 삼위일체의 신앙에 입각하여 세례를 받은 최초의 황제이기도 하다. 정통파 기독교를 로마 제국에서 유일하고 절대적인 종교로 공인함으로써 이후 중세기로 이어지는 로마 가톨릭 교회와 그리스 정교회라는 기독교의 양대 체제가 확고하게 자리 잡는 전기를 마련했다.

제5장

범사에 감사하라

1
염려하지 말고
기도하며 감사하라

Think(생각)와 Thank(감사)는 어원이 같다.

영어 생각과 감사는 같은 뿌리에서 나왔다고 한다. 인간은 생각하는 갈대다. 우리는 하루에도 수많은 생각을 하며 살아간다. 많은 생각 중에서 과거의 은혜를 기억할 때 감사하는 마음이 생긴다.

† 주 여호와여, 나는 누구이오며 내 집은 무엇이기에 나를 여기까지 이르게 하셨나이까(사무엘하 7:18)

다윗 왕은 목동에서 초라하게 출발하여 사울 왕에게 고난을 당하고 왕에 오르기까지 받은 은혜를 기억하며 감사하는 마음을 가졌다. 받은 은혜를 세어보면 저절로 감사가 생긴다. 지금까지 인도해주신 하나님을 생각하면 감사가 찾아온다. 하지만 사람은 망각하는 존재이기도 하다. 하나님이 베푸신 은혜를 생각하지 않으면 감사는 멀리 도망가고 만다. 인간은 남에게 받은 은혜는 쉽게 잊고, 자신이 베푼 은혜는 잘 기억하는 속성이 있다. 그래서 "감사의 마음은 바위에 새기고 원망의 마음은 흐르는 물에 새겨라"는 말도 있다. 감사는 훈련이 필요하다. 기억하지 않으면 잊어버리기 때문이다.

우리는 미래에 대한 두려움과 염려가 있다. 먹을 것, 입을 것, 건강에 대한 염려가 있다. 예수님은 이런 것들을 염려하지 말라고 당부하신다.

> † 공중의 새를 보라. 심지도 않고 거두지도 않고 창고에 모아들이지도 아니하되, 너희 하늘 아버지께서 기르시나니 너희는 이것들보다 귀하지 아니하냐. 너희 중에 누가 염려함으로 그 키를 한 자라도 더할 수 있겠느냐(마태복음 6:26-27)

모든 염려는 하나님께 맡기고 앞으로 나아가라고 가르쳐주신다. 나아가 사도 바울은 염려하지 말고 기도하면서 감사하라고 권면한다.

> † 아무것도 염려하지 말고, 다만 모든 일에 기도와 간구로, 너희 구할 것을 감사함으로 하나님께 아뢰라(빌립보서 4:6)

5만 번 기도 응답을 받은 사람으로 알려진 조지 뮬러는 "염려의 시작은 신앙의 끝이다. 신앙의 시작은 염려의 끝이다"라고 말했다. 염려할 때 기도하면 그 염려는 하나님의 문제가 된다. 하나님께 맡기면 하나님의 책임이 되니 언젠가는 문제가 해결되지 않겠는가. 해결되리라고 믿고 감사하라고 한다. 과거뿐만 아니라 미래에 대해서도 미리 감사하는 마음을 갖는 것이다. 기도하고 이루어지면 감사하게 된다. 기도하지 않으면 감사도 할 수 없다. 그래서 염려와 기도와 감사는 함께 가는 것이다. 염려 리스트는 기도 리스트가 되고, 기도 리스트는 감사 리스트가 된다.

영락교회의 설립자이며 한국기독교에서 존경받는 한경직 목사는 주위에서 자서전을 쓰라는 권유를 많이 받았으나 거절했다. 하지만 이 세상을 떠나기 전에 남기고 싶은 이야기가 '감사'이기에 감사 간증을 하게 되었다고 『나의 감사』에서 밝혔다.

"올해로 내 나이 80인데, 지나온 삶을 돌아보며 가슴에 사무치는 것을 한마디로 표현하자면 '하나님, 감사합니다', '하나님, 감격스럽습니다'이다. 몇 번이고 말해도 부족한 '감사합니다'가 나의 진심 어린 고백이다. 하나님의 은혜가 너무 크고 너무 넓고 너무 높고 너무 깊고 너무 위대하다."

한경직 목사는 아침에 일어나서나 저녁에 잘 때나 늘 묵상하고 외우는 성경구절이 "항상 기뻐하라. 쉬지 말고 기도하라. 범

사에 감사하라(데살로니가전서 5:16-18)"라고 하면서 그 이유를
이렇게 설명한다.

"하나님께서 우리를 예수 그리스도 안에서 불러 주신 것은
우리로 하여금 항상 기뻐하고, 쉬지 말고 기도하고, 범사에 감
사하는 생활을 하게 하기 위해서다. 그러니 항상 기뻐하는 생
활, 쉬지 않고 기도하는 생활, 범사에 감사하는 생활은 하나님
의 뜻대로 사는 것이요. 하나님께서 매우 기뻐하시는 삶이다.
그래서 나는 그 유명한 시편 100편 4절도 늘 기억한다. 감사함
으로 그 문에 들어가며 찬송함으로 그 궁정에 들어가서 그에게
감사하며 그 이름을 송축할지어다."

은혜는 구약성경과 신약성경 전편에 흐르고 있다. 은혜가 있
는 곳에 항상 감사가 함께 간다. 은혜가 넘치는 곳에 감사가 넘
친다.

2
내게 주신 모든 은혜를
무엇으로 보답할까

    나쁜 습관과 좋은 습관은 어떤 차이가 있을까? 나쁜 습관은 노력하지 않아도 생기지만, 좋은 습관은 노력이 필요하다. 불평하는 습관은 어떤가. 노력하지 않아도 저절로 만들어진다. 반대로 감사하는 습관은 훈련이 필요하다. 불평의 길에 설지 감사의 길에 설지 결국 선택의 문제다.

    성경에는 감사하라는 메시지가 일관되게 흐른다. 이스라엘 백성들은 조금이라도 틈이 생기면 불평을 쏟아냈다. 출애굽하는 과정에서 어려움이 닥치면 종살이하던 애굽을 그리워하며 불평했다. 구약성경에서 다윗은 감사의 달인이었다. 기회가 있을 때마다 하나님을 찬양하면서 감사를 드렸다. 시편에는 이와 같은 감사 이야기들이 넘쳐난다.

    † 내게 주신 모든 은혜를 내가 여호와께 무엇으로 보답할까(시편 116:12)

시편 기자가 하나님께 받은 은혜를 세어보면서 어떻게 하나님께 영광을 돌릴 수 있는지를 헤아리는 모습이 아름답다. 이 말씀을 묵상하면 감사의 마음이 살아난다. 주신 은혜를 생각하면 하나님을 영화롭게 하는 삶을 꿈꾸게 된다. 어떻게 감사를 지속적으로 할 수 있을까.

† 범사에 감사하라. 이것이 그리스도 예수 안에서 너희를 향하신 하나님의 뜻이니라(데살로니가전서 5:18)

사도 바울은 "범사에 감사하라"고 권면한다. 하지만 이 말씀이 처음에는 실감이 나지 않는다. 삶 속에서 가끔 특별한 경우에는 감사할 수 있다. 그러나 살다보면 불평할 일이 많아 범사에 감사하는 것은 불가능해 보인다.

나는 10년 전부터 감사나눔신문 김용환 사장과 함께 감사운동을 해오면서 범사에 감사하는 것이 가능하다고 믿게 되었다. 감사운동을 하면서 불평을 달고 다니던 사람이 감사를 만나 달라지는 모습을 많이 볼 수 있었다. 감사 훈련은 하루에 5가지 감사거리를 쓰는 '5감사 쓰기'부터 시작한다. 처음에는 5감사를 매일 쓰는 게 쉽지 않다. 감사 일기는 거창한 게 아니라 일상의 작은 것을 찾아서 쓰면 된다. 미국 토크쇼의 여왕으로 불리는 오프라 윈프리는 역경을 극복한 인물로 유명하다. 그녀의 성공 비결은 매일 감사일기 5개를 적는 것이었다. 그녀가 쓴 감사일기를 보면 자신감을 가질 수 있으리라.

1. 오늘도 거뜬하게 잠자리에서 일어날 수 있어서 감사합니다.
2. 유난히 눈부시고 파란 하늘을 보게 해주셔서 감사합니다.
3. 점심 때 맛있는 스파게티를 먹게 해주셔서 감사합니다.
4. 얄미운 짓을 한 동료에게 화내지 않았던 저의 참을성에 감사합니다.
5. 좋은 책을 읽었는데 그 책을 써준 작가에게 감사합니다.

이렇게 5감사를 쓰다 보면 소소하지만 확실한 행복을 느끼는 소확행을 경험할 수 있다. 매일 5감사를 적다 보면 감사의 영역이 점점 넓어져 범사에 감사할 수 있게 된다.

5감사 쓰기가 익숙해지면 그다음은 인물에 대한 '100감사 쓰기'에 도전한다. 어머니에 대한 100감사 쓰기부터 시작하면 좋다.

김용환 사장은 평소에 불평이 많던 유지미 기자에게 100감사 쓰기를 권했다. 유 기자는 어머니 휴대폰에 예쁜 이름 대신 '싸가지'라고 입력되어 있을 정도로 어머니와 사이가 좋지 않았다. 딸이 감사일기를 쓴다고 해도 믿지 않을 만큼 불신의 벽이 높았다. 그녀는 퇴근 후 집에서 100감사 쓰기를 시작했다.

처음 20~30개까지는 어머니에 대한 일반적인 감사로 채웠으나 그다음부터는 진도가 나가지 않았다. 문득 가족의 의미를 생각해보았다.

"내가 가장 사랑하는 사람은 가족이다. 그런데 내게 가장 큰 상처를 준 사람도 가족이다. 나는 내가 상처받은 것만을 생각하며 엄마를 미워하고 원망했다. 그러나 감사거리를 써내려가며 엄마가 내게 해준 것들과 나를 위해 희생한 많은 일들이 떠올랐다. 아! 엄마가 가장 사랑하는 사람이 나구나. 그런데 엄마에게 가장 큰 상처를 준 사람도 바로 나구나."

그녀는 어머니에 대한 감사거리를 떠올릴수록 어머니의 사랑과 동시에 자신이 어머니에게 상처 주었던 많은 잘못이 떠올랐다. 지난날의 자신을 반성할수록 미안함과 함께 감사함이 폭포수처럼 넘쳐흘렀다. 퇴근 후 쓰기 시작한 100감사는 새벽녘이 되어서야 끝이 났다. 100감사를 읽은 어머니는 딸을 끌어안고 펑펑 눈물을 쏟았다. 그동안의 서운했던 감정이 봄눈 녹듯이 사라졌다. 어느새 어머니의 휴대폰에서 '싸가지'는 사라지고 '퍼스트레이디'로 바뀌었다.

100감사를 쓰고 나서 그녀의 삶이 변했다. 이런 내용들을 담아 『100감사로 행복해진 지미 이야기』를 펴냈다.

3
외양간에 소가 없을지라도
감사하라

선지자는 구약시대에 하나님으로부터 계시를 받아 말씀을 전하는 예언자다. 자기 민족에게 나라가 멸망할 것이라는 예언도 해야 한다. BC 7세기 선지자 하박국은 조국의 부패를 가슴 아파한다. 악인들이 활개치고 정의가 땅에 떨어졌다. 하박국은 "하나님 어찌하여 이런 사악한 시대에 가만히 계시나이까?"라고 눈물로 호소한다.

하나님이 이방 국가인 바벨론을 통해 이스라엘을 심판하시겠다는 계획을 듣고 놀란다. 바벨론은 이스라엘 민족보다 더 부패한 민족이었다. 하박국이 놀라고 실망하자 하나님은 유다가 바벨론에 멸망당하고, 바벨론은 다시 역사의 심판을 받을 것이라고 역사의 흐름을 알려주셨다.

환난의 이유를 이해할 수 없었다. 이스라엘 민족이 다른 나라에 의해 멸망당하고 포로로 끌려가는 상황은 상상조차 하고 싶

지 않았다. 그러나 그 일은 돌이킬 수 없는 현실로 다가오고, 그
럼에도 불구하고 하박국은 하나님의 뜻이라며 수용한다.

> † 비록 무화과나무가 무성하지 못하며, 포도나무에 열매가 없으며, 감
> 람나무에 소출이 없으며, 밭에 먹을 것이 없으며, 우리에 양이 없으며,
> 외양간에 소가 없을지라도(하박국 3:17)

무화과나무, 포도나무, 감람나무는 이스라엘 사람들이 사랑
하는 3대 과일나무다. 이렇게 중요한 과일나무에 열매가 없다.
밭에는 먹을 것이 없다. 우리에는 양이 없고 외양간에는 소가
없으니 가축이 하나도 없다. 먹을 것이 아무것도 없는 궁핍한
상황이다. 이런 때엔 불만과 불평이 쏟아져 나와야 정상이다.
그런데 하박국은 하나님의 뜻과 섭리를 이해한다. 절망할 수밖
에 없는 상황에서도 소망을 가지고 기쁨의 노래를 부른다.

> † 나는 여호와로 말미암아 즐거워하며, 나의 구원의 하나님으로 말미암
> 아 기뻐하리로다(하박국 3:18)

여호와 하나님 한 분으로 즐거워하겠다. 하나님에 대한 믿음
이다. "의인은 오직 믿음으로 살리라"고 강조한다. 그리고 어떤
상황에서도 구원해주실 하나님으로 말미암아 기뻐하겠다는 것

이다.

이어령 교수는 『의문은 지성을 낳고 믿음은 영성을 낳는다』에서 하박국의 찬양을 두 단계 신앙으로 나누어 흥미롭게 해석한다.

첫째, 주고 받는 기브 앤 테이크(give and take) 신앙이다.

"무화과나무가 무성했을 때 찾는 사람, 포도나무에 열매가 많아야 감사를 드리는 사람, 외양간에 소가 많으니 하나님을 따르는 사람, 이런 사람들은 누구나 할 수 있는 거래를 하는 것입니다. 기브 앤 테이크죠."

둘째, 그럼에도 불구하고(although) 신앙이다.

"하박국 3장 17절이 없었다면 제 신앙은 자라지 못했을 것입니다. 내 과수원에 포도나무 열매가 없을지라도, 내 외양간에 송아지가 없을지라도 나는 하나님으로 인해 기쁘다는 고백이 나올 정도는 되어야 진정한 크리스천이라고 할 수 있습니다."

하박국의 고백은 예수님의 말씀을 생각나게 한다.

† 너희가 만일 너희를 사랑하는 자만을 사랑하면 칭찬 받을 것이 무엇이냐. 죄인들도 사랑하는 자는 사랑하느니라. 너희가 만일 선대하는 자만을 선대하면 칭찬 받을 것이 무엇이냐. 죄인들도 이렇게 하느니라 (누가복음 6:32-33)

예수님은 조건부 사랑은 죄인들도 할 수 있으니 조건 없는 아가페 사랑을 하라고 말씀하신다.

조은시스템의 김승남 회장은 21년 동안 직업군인 생활을 하다가 늦깎이로 사회에 진출하여 성공한 기업인이다. 그가 나이와 사회적인 편견을 극복하고 성공한 비결인 감사철학을 저서 『고맙습니다』에서 소개한다.

"감사는 하나님이 우리 인간에게만 주신 가장 큰 축복이다. 항상 감사하는 사람은 언제든 성공한다."

그는 보증을 잘못 서는 바람에 엄청난 경제적인 고통을 겪었지만 그 장본인을 원망하지 않고 "그래도 감사하며 범사에 최선을 다했더니 결국 사업가로 성공할 수 있었다"라고 회고했다. "직원들에 대해서도 항상 감사하는 마음을 갖는다. 직원들이 있기에 사장이 있고 회장이 있는 것이다. 직원들에게 열심히 일해주어서 고맙다는 생각을 가지니 장점이 유리알처럼 잘 보인다. 감사는 프로의 덕목이자 경쟁력의 바탕"이라며 "감사는 무적(無敵)의 자신감"이라고 고백한다.

4

이렇게도
감사할 게 많을까

신앙의 상태를 어떻게 알 수 있을까? 감사하는 마음을 점검해보면 된다. 감사가 넘쳐나면 하나님을 사랑하고 이웃을 사랑하고 있다는 증거다. 불평과 불만이 생기고 분노가 차오르면 신앙의 적신호가 켜진 것이다. 감사가 습관이 되면 감사할 거리가 점점 많아진다. 시편에는 감사의 구절이 많이 나온다. 특히 시편 136편은 감사 예찬이라고 할 수 있다. 26절로 되어 있는데 절마다 감사하라는 말이 나온다.

† 여호와께 감사하라. 그는 선하시며 그 인자하심이 영원함이로다(시편 136:1)

여호와 하나님께 감사하라. 하나님의 성품이 선하시고 인자하실 뿐만 아니라 그 선하심과 인자하심이 영원하기 때문이다.

이런 하나님의 성품 덕분에 우리는 하나님의 약속을 믿을 수 있다.

> † 지혜로 하늘을 지으신 이에게 감사하라. 그 인자하심이 영원함이로다. 땅을 물 위에 펴신 이에게 감사하라. 그 인자하심이 영원함이로다. 큰 빛들을 지으신 이에게 감사하라. 그 인자하심이 영원함이로다. 해로 낮을 주관하게 하신 이에게 감사하라. 그 인자하심이 영원함이로다. 달과 별들로 밤을 주관하게 하신 이에게 감사하라. 그 인자하심이 영원함이로다(시편 136:5-9)

하늘과 땅, 빛과 해, 달과 별 등 천지 만물을 창조하신 하나님께 감사한다. 모든 구절이 끝날 때마다 "그 인자하심이 영원함이로다"로 마무리한다. 영원히 인자하신 하나님의 성품을 찬양한다.

> † 애굽의 장자를 치신 이에게 감사하라. 그 인자하심이 영원함이로다. 이스라엘을 그들 중에서 인도하여 내신 이에게 감사하라. 그 인자하심이 영원함이로다. 강한 손과 펴신 팔로 인도하여 내신 이에게 감사하라. 그 인자하심이 영원함이로다. 홍해를 가르신 이에게 감사하라. 그 인자하심이 영원함이로다(시편 136:10-13)

시인은 이스라엘 역사 속에서 인도해주신 하나님의 은혜를 파노라마처럼 연상하면서 감사의 노래를 이어간다.

† 우리를 비천한 가운데에서도 기억해주신 이에게 감사하라. 그 인자하심이 영원함이로다. 우리를 우리의 대적에게서 건지신 이에게 감사하라. 그 인자하심이 영원함이로다. 모든 육체에게 먹을 것을 주신 이에게 감사하라. 그 인자하심이 영원함이로다. 하늘의 하나님께 감사하라. 그 인자하심이 영원함이로다(시편 136:23-26)

시인은 우리의 개인적인 삶 속에서 함께하시는 하나님께 감사드리고, 마지막으로 "하늘의 하나님께 감사하라. 그 인자하심이 영원함이로다"라고 마무리한다. 시편 26편은 범사에 감사하라는 말씀을 증명하는 좋은 사례다.

우리는 태어날 때 모두 빈손으로 왔다. 동물은 태어나자마자 움직일 수 있지만, 인간은 스스로 할 수 있는 것이 아무것도 없다. 부모, 가족, 선생님, 선배, 후배, 동료 등 주변 사람의 도움으로 오늘 여기까지 온 것이다. 감사거리가 26개가 아니라 100개, 1,000개를 넘지 않을까.

천지세무법인 박점식 회장은 어머니에 대해 1,000가지 감사를 써서 화제가 되었다. 청상과부가 된 박 회장의 어머니는 다섯 살 된 아들을 데리고 전라남도 흑산도로 가서 남의 집 품팔

이와 뻘밭 일을 해 외아들을 키웠다. 박 회장은 치매에 걸린 어머니에게 '1,000 감사쓰기'를 하고 『어머니』 책을 발간했다.

1. 어머니가 살아계셔서 감사합니다.
2. 제가 어머니 아들인 것에 감사합니다.
3. 정신이 혼미한 지금도 '제가 누구냐?'고 물으면 '내 아들'이라고 알아봐 주셔서 감사합니다.

이렇게 하나하나 1,000개를 적어나갔다. 박 회장은 "어머니에게 드리는 1,000 감사를 쓰면서 너무나 행복했다. 어머니가 등 뒤에서 안아주시는 듯한 뿌듯한 감정을 가슴 깊은 곳에서 느낄 수 있었다. 아내와 두 아이, 그리고 직원들에게 감사편지를 쓰면서 내 자신이 바뀌는 것을 느꼈다"라고 고백했다.

사실 오늘 살아 있는 자체가 최고의 기적이라고 하지 않는가. "인생을 살아가는 데에는 두 가지 방식만이 있다. 하나는 기적이 어디에도 없다고 보는 것이고, 다른 하나는 모든 것이 기적이라고 보는 것이다." 아인슈타인이 말하는 기적의 의미를 헤아리면서 내게 주신 감사를 세어보자.

코로나 바이러스는 우리에게 일상의 기쁨이 얼마나 감사한 일인가를 알려주었다. 사람이 만나서 껴안고 악수하는 것, 같이 마음껏 웃으며 대화하는 것, 마스크 쓰지 않고 사는 것, 주일에

교회에 가는 것, 어느 것 하나 감사하지 않은 게 없다. 일상 속에서 너무도 당연했기에 하나님의 은혜로 생각하지 못했던 것들. 이제 범사에 감사하라는 말씀의 의미를 더욱 절실히 깨닫게 된다. 몸이 아프고 나서야 건강의 중요성을 알 듯이 말이다.

5
나는 포도나무요
너희는 가지다

　예수님은 관계의 중요성을 포도나무 비유를 통해 말씀하신
다. 포도나무는 이스라엘 사람들이 사랑하는 과일나무다. 포도
나무는 무더위를 잘 견디고 뿌리를 깊숙이 내리는 특성이 있어
광야 지역이나 산악지역에서도 잘 자란다.

　한 송이에 많은 열매가 열려 포도나무는 안정된 생활, 평화와
번영을 상징한다. 예수님은 "나는 참 포도나무요. 내 아버지는
농부"라고 규정하신다. 하나님은 좋은 농부이고 예수님은 거짓
이 아니라 참된 포도나무다.

†나는 포도나무요 너희는 가지라. 그가 내 안에, 내가 그 안에 거하면
　사람이 열매를 많이 맺나니, 나를 떠나서는 너희가 아무것도 할 수 없
　음이라(요한복음 15:5)

가지는 나무에 붙어 필요한 영양소를 공급받고 살아간다. 나무에 붙어 있으면서 자라나 열매를 맺는다. 가지에 붙어 있지 않으면 말라 비틀어져 제거된다. 제거된 가지들은 땔감으로 불에 던져진다. 그래서 예수님은 "가지가 포도나무인 나를 떠나서는 아무것도 할 수 없다"라고 단호하게 말씀하신다. 가지는 나무에 꼭 붙어 있어야 생명을 유지할 수 있다.

> † 아버지께서 나를 사랑하신 것 같이 나도 너희를 사랑하였으니 나의 사랑 안에 거하라(요한복음 15:9)
> † 내 계명은 곧 내가 너희를 사랑한 것 같이 너희도 서로 사랑하라(요한복음 15:12)

하나님의 사랑은 내리사랑이다. 하나님이 예수님을 사랑하신 것 같이 예수님도 제자들을 사랑하셨다. 예수님이 제자들을 사랑하신 것 같이 제자들도 서로 사랑하라고 권면하신다.

김세윤 교수는 『요한복음 강해』에서 포도나무 비유를 설명한다.

"그리스도는 포도나무이고 그리스도와 믿음으로 연합한 우리는 포도나무에 붙은 가지다. 포도나무 가지가 열매를 맺기 위해서는 포도나무에 계속 붙어 있으면서 뿌리에서 수분과 양분을 공급받아야 하듯이, 그리스도의 죽음과 부활로 창조된 하나님의 새로운 백성은 계속해서 그리스도 안에 거해야 한다. 이것은 믿음을 지킴으로 가능한데, 믿음을 지킨다는 말은 계속해서 그리스도에게 의지하고 그의 말씀을 순종하는 것이다. 계속 그리스도의 사랑을 공급받고 그리스도의 계명을 지켜야 한다. 그리스도께서는 새 계명으로서 서로 사랑하라고 말씀하셨다."

나아가 예수님은 내가 너희를 사랑한 것 같이 너희도 서로 사랑하라고 말씀하신다. 서로 사랑하라는 말은 구약에도 나온다. '내가 너희를 사랑한 것 같이'라는 조건문이 붙어서 새 계명이 되었다. 바로 내가 너희를 사랑하여 십자가를 지는 것처럼 너희도 서로 십자가를 지는 것이다.

연세대 김형석 명예교수는 101세인데도 저술과 강연을 통해 왕성하게 활동하고 있는 유명한 철학자다. 김 교수는 『백년을 살아보니』에서 서울대 철학과 박종홍 교수가 기독교에 귀의한 이야기를 소개한다.

박종홍 교수는 한국 철학계의 원로교수였다. 그는 대학에서 강의할 때 기독교와 종교에 대해서 반대하지는 않았으나 철학하는 사람은 신앙을 갖는 것이 아니라고 믿고 있었다. 죽을 때까지 진리를 탐구하는 것이 철학의 사명이라고 생각했기 때문이다. 박 교수는 말년에 암으로 고통을 치렀다. 병세가 심해지면서 가족과 제자들이 조심스럽게 신앙으로 돌아오면 좋겠다고 권고했다. 권고를 받았을 때 "너무 늦지 않았을까?"라면서 마음의 문을 열었다. 그는 새문안교회 강신명 목사의 도움을 받아 기독교인이 되었다.

세상을 떠난 후에는 새문안교회에서 영결예배를 갖게 되었다. 그 소식이 언론을 통해 알려지면서 제자들도 모두가 경이로운 마음으로 받아들였다. 그분이 기독교인이 되었다는 사실이 믿기지 않은 까닭이었다. 신문을 통해 교회에서 영결예배를 가진다는 소식을 접한 철학도들은 화제 섞인 대화를 나누었다.

"아침신문을 보셨어요? 박종홍 교수 장례식이 새문안교회에서 있다는 소식이네요. 그분이 언제 크리스천이 되었어요?"

김형석 교수는 숭실대 안병욱 교수, 서울대 김태길 교수와 함께 철학계의 삼총사로 유명했다. 김형석 교수와 안병욱 교수는 이북에서 피난 온 분들이라 일찍이 교회에 다녔다. 김태길 교수도 나중에 기독교인이 되었다. 김형석 교수는 그 과정을 소개한다.

"박종홍 교수 장례식의 실질적 책임을 맡았던 제자 김태길 교수도 그 당시에는 신앙을 모색하고 있었다. 긴 세월이 지난 뒤 김 교수도 그리스도인으로 임종을 맞이했다. 종교적 신앙은 인생의 마지막 물음에 대한 해답이기도 했던 것이다."

바인그룹의 김영철 회장은 회사 이름을 성경의 포도나무에서 가져왔다. 영어 바인(vine)의 뜻이 포도나무다. 김 회장은

"스스로 생각하는 것보다도 '나'라는 존재는 크고 대단하다"라며 직원의 달란트와 무한한 가능성을 믿었다. 회사가 포도나무가 되어 각자의 역량을 발휘할 수 있도록 도와주는 것이 회사의 할 일이라고 강조한다. 그래서 교육을 중시한다. 김 회장은 "바인그룹의 첫 번째 가치는 직원 성장이고, 둘째는 고객의 성장이며, 세 번째가 회사의 이익이다. 회사의 성장이 조금 더디고 이익이 덜 나더라도 개인의 자기성장 가치만큼은 잃어서는 안 된다"라고 역설한다.

하나님이 농부가 되어주시고 예수님이 포도나무가 되어주심에 감사한다. 예수님 붙들고 가지로 살아가는 것이 얼마나 큰 축복인가. 포도나무와 가지의 비유를 생각할 때마다 감사하는 마음이 저절로 생긴다.

6
어떤 지식이
가장 고상할까

"아는 것이 힘이다." 영국의 철학자 베이컨이 한 말이다. 아는 것은 배우는 데서 나온다. 우리나라 사람들은 정말 배움을 좋아한다. 우리나라가 짧은 기간에 한강의 기적을 이룰 수 있었던 이유도 공부하는 사람들이 많았기 때문이다.

사도 바울은 인간적으로 탁월한 존재였다. 헬라적 철학과 히브리적 종교성을 지닌 최고의 지식인이었다. 베냐민 지파이고 가말리엘 문하생으로 최고의 가문과 최고의 학부 출신이었다. 또한 말한 대로 실천하는 뛰어난 행동가였다. 바울은 "나는 팔 일 만에 할례를 받고, 이스라엘 족속이요, 베냐민 지파요, 히브리인 중의 히브리인이요, 율법으로는 바리새인이요, 열심으로는 교회를 박해하고, 율법의 의로는 흠이 없는 자라"고 자신을 설명한다. 그리고 예수 박해자에서 전도자로 변화되어 어떻게 달라졌는지를 밝힌다.

† 무엇이든지 내게 유익하던 것을 내가 그리스도를 위하여 다 해로 여길 뿐더러, 또한 모든 것을 해로 여김은 내 주 그리스도 예수를 아는 지식이 가장 고상하기 때문이라. 내가 그를 위하여 모든 것을 잃어버리고 배설물로 여김은 그리스도를 얻고 그 안에서 발견되려 함이니(빌립보서 3:7-9)

바울은 예수님을 만난 후 그동안 자신이 갈고 닦아서 유익하다고 생각했던 것들을 거들떠보지도 않았다. 오히려 해로 여겼다. 예수 그리스도를 이해하는 데 도움이 되지 않으면 모든 것을 해로 여기고 배설물로 생각할 정도로 예수를 아는 지식에 집중했다. 예수님을 알고 나니 인간이 고안한 세상의 학문, 사상, 종교에도 흔들리지 않았다. 예수 그리스도를 아는 지식이 가장 탁월하고 고상하다는 것을 알게 된 것이다. 예수 그리스도만 있으면 만족할 수 있다. 그를 위해서는 모든 것을 잃어버려도 괜찮다. 예수님이 인생의 모든 문제를 풀 수 있는 정답이라는 것을 알았다. 태양이 밝아오면 등불은 빛을 잃는 법이다.

† 내가 가진 의는 율법에서 난 것이 아니요. 오직 그리스도를 믿음으로 말미암은 것이니, 곧 믿음으로 하나님께로부터 난 의라(빌립보서 3:9)

또한 바울은, 의인은 행위가 아니라 믿음으로 산다는 진리를 깨달았다. 행위를 위해 얼마나 많은 지식을 쌓았는가. 하지만 믿음은 단순하면서도 오묘하다. 믿음이 얼마나 감사한지 모른다. 당시 유대의 종교 지도자들은 수백 개의 율법 조항을 놓고 그것을 하나하나 지켜야 한다고 믿었다. 바울은 그 행위를 실천하는데 앞장섰던 인물이다. 그런데 믿음의 신비를 알았다.

"의로움을 지식, 재산, 재능, 열심 등을 기준으로 평가한다면 얼마나 통과할 수 있을까?"

김지철 목사는 〈빌립보서 강해〉에서 믿음의 의미를 이렇게 설명한다.

"나는 하나님 앞에 쌓은 공로가 없다. 다만 예수님이 나를 위해서 십자가에 못 박히시고, 죽은 자 가운데서 부활하신 예수님의 능력과 은총만을 믿음으로 붙들고 나간다. 예수님을 믿고 알고 사랑하는 모습을 보면서 하나님이 기뻐하신다. 예수님이 주님인 것을 믿기만 하면 구원받는다. 기독교 신앙은 믿음의 은혜다. 이것이 하나님이 주신 의로움이다. 내가 잘나서 의로운 것이 아니라 하나님이 예수님에게 전권을 위임하셨기 때문에 그분을 믿는 것이 하나님 앞에 나갈 수 있는 의로움이다. 예수 그리스도를 믿는 것이 최고의 기쁨이다."

바울은 바울 서신 곳곳에서 믿음의 기쁨을 역설한다.

† 내가 그리스도와 함께 십자가에 못 박혔나니, 그런즉 이제는 내가 사

는 것이 아니요. 오직 내 안에 그리스도께서 사시는 것이라. 이제 내가 육체 가운데 사는 것은 나를 사랑하사, 나를 위하여 자기 자신을 버리신 하나님의 아들을 믿는 믿음 안에서 사는 것이라(갈라디아서 2:20)

어거스틴은 『성 어거스틴의 고백록』에서 방황하다가 예수님을 만난 기쁨과 감격을 밝힌다.

"그때 내 속에서는 커다란 폭풍이 일어났습니다. 내 눈에서는 홍수 같은 눈물이 쏟아져 내렸습니다. 나는 무화과나무 아래 몸을 던지고 눈에서 강물처럼 흐르는 눈물을 하염없이 흐르도록 내버려두었습니다. 그것은 당신께 드려진 합당한 제사였습니다."

주님과 꿈에서 만나 잊을 수 없는 말을 남겼다.

"나의 아들아, 너는 나에게 무엇을 원하느냐?"

"아무것도 원하지 않습니다. 다만 주님만을 원합니다."

그리고 담대한 고백을 한다.

"오로지 당신 안에서만 내 영혼이 편안히 쉴 수 있사옵니다."

공병호연구소의 공병호 소장은 『공병호가 만난 예수님』에서 "하나님을 알게 되면서 저는 제가 그동안 썼던 100여 권의 저술들이 하나님에 대한 책 쓰기를 위한 준비 과정이었음을 느끼게 됐습니다. 하나님에 대해 아는 일로부터 시작된 성경 공부는 드디어 새벽기도와 수시 기도를 통해서 하나님을 체험하는 일로 바뀌게 되었습니다"라고 고백한다.

하나님을 이해하기 시작하면 하나님의 세계는 놀랍다. "깊도
다. 하나님의 지혜와 지식의 풍성함이여, 그의 판단은 헤아리지
못할 것이며 그의 길은 찾지 못할 것이로다." 같은 말씀도 어제
와 오늘이 다르게 다가온다. 평생을 읽고 공부해도 새로운 말
씀이 성경이다.

"그리스도 예수를 아는 지식이 가장 고상하다."

바울의 기쁨과 감사의 고백이 가슴속 깊이 다가온다.

7

영혼이 잘되면
범사가 잘된다

사랑하는 사람에게 쓰는 편지는 참 따뜻하다. 사도 요한은 예수님의 제자 중 마지막 사도다. 요한복음과 요한계시록의 저자인 요한은 3개의 편지를 쓴다. 요한일서, 요한이서, 요한삼서가 그것이다. 세 번째 편지인 요한삼서는 서기 90년경에 사랑하는 제자 가이오에게 쓴 편지다. 마지막 서신이라 다정함과 간절함이 더욱 묻어난다. 편지를 받는 가이오는 진실하고 겸손한 자세로 사역하여 사람들에게 신뢰를 받고 있었다. 편지는 이렇게 시작한다. "장로인 나는 사랑하는 가이오 곧 내가 참으로 사랑하는 자에게 편지하노라." 그리고 축복의 말씀이 나온다.

† 사랑하는 자여, 네 영혼이 잘됨 같이, 네가 범사에 잘되고, 강건하기를 내가 간구하노라(요한3서 1:2)

인간은 영적인 존재이므로 먼저 영혼이 잘되어야 한다. 영혼이 잘될 때 범사가 잘되는 것이다. 그러면 육체가 건강해진다. 건전한 영혼에 건강한 육체가 깃드는 법이다. 사도 요한은 가이오에게 진심으로 놀라운 축복의 마음을 전하고 있다.

이 말씀은 여의도순복음교회 조용기 목사의 3박자 축복으로 유명하다. 조 목사는 "영혼이 잘됨같이 범사에 잘되고 강건한"이란 말씀을 붙들고 천막교회에서 시작하여 세계에서 가장 큰 교회를 이루었다. 절대 긍정, 절대 희망, 성령 충만을 외치며 달려왔다. "사람은 희망이 없으면 못 삽니다. 희망이 있으면 아무리 고통스러워도 견딜 수 있어요. 교회가 너무 희망을 저버리고 인내만 강조하며 참으라고만 한다면 사람들은 낙심하게 됩니다. 그래서 낙심하지 말라고 선포한 것입니다." 조 목사가 희망의 신앙을 역설한 메시지다.

조용기 목사의 뒤를 이은 이영훈 목사는 "성령충만으로 영혼구원 사명에 최선을 다하고 말씀 안에 깨어 기도로 승리한다. 주변의 소외 이웃을 내 몸과 같이 사랑하고 섬기겠다"라는 제2의 교회창립 비전 메시지를 선포했다. 소외된 이웃과 함께 가는 예수님의 섬김 정신을 실천하기 위해 노력하겠다는 다짐이며 선언이다.

신앙생활을 잘해도 고난과 고통은 따라온다. 고난과 고통이 없이 만사가 형통하는 것이 축복이라고 믿으면 어려움이 닥칠 수 있다. 다만 범사가 잘된다는 의미는 고난이 있을지라도 하나님이 그 고난 중에 함께 하시고 극복하여 기쁨이 되는 것을 의미한다. 하나님과 함께하는 고난은 이길 힘을 주시기 때문에 형통하는 삶이 되는 것이다. 그래서 예수님은 말씀하신다. "수고하고 무거운 짐 진 자들아, 다 내게로 오라 내가 너희를 쉬게 하리라. 나는 마음이 온유하고 겸손하니 나의 멍에를 메고 내게 배우라. 그리하면 너희 마음이 쉼을 얻으리니 이는 내 멍에는 쉽고 내 짐은 가벼움이라."

나의 가벼운 짐, 무거운 짐을 예수님께 전부 맡기면 예수님이 그 짐을 지고 가시기 때문에 아무리 무거운 짐도 풀잎 위의 이슬처럼 가볍게 느낄 수 있다. 나의 무거운 짐을 "맡길 수 있느냐, 없느냐" 그것이 문제다.

반도체 관련 회사 네패스의 이병구 회장은 감사경영으로 회사를 운영하여 30년 동안 지속적으로 성장한 경영자로 유명하다. 네패스는 직원들의 마음관리를 위해 3 · 3 · 7라이프를 실천하고 있다. "하루 3가지 이상 동료들과 좋은 일을 나눈다. 하루 3곡 이상 노래를 부른다. 하루 30분 이상 책을 읽는다. 하루 7가지 이상 감사한 일을 쓴다." 매일 아침 30분 동안 전 사업장에서 직원들이 함께 즐거운 노래를 부른다. 노래로 직장생활의 하루를 시작한다. 하루에 3가지씩 직원들과 굿 뉴스(좋은 소식)를 나눈다. 하루에 30분씩 책을 읽는다. 하루에 7개의 감사거리를 적는다. 노래하고 책 읽고 감사편지를 쓰는데 회사는 매년 지속적으로 성장하고 있다. 비결은 바로 직원들의 마음관리다. 감사하는 마음이다. 감사하는 마음이 긍정적인 태도를 가져와 직원들이 스스로 열심히 일하여 생산성이 높아진 덕택이다.

이 회장은 "모든 지킬 만한 것 중에 네 마음을 지키라. 생명의 근원이 이에서 남이니라"는 잠언 말씀을 붙들고 경영을 하고 있다. 그는 감사경영의 성과를 담아 『경영은 관계다』, 『석세스 애티튜드』를 발간했다.

이 회장은 "마음의 상태가 감사라는 최상의 상태가 되면 마음이 정화돼 올바른 결정을 내릴 수 있다. 또한 감사를 하면 가장 좋은 감정이기에 일에 몰입할 수 있어 성과를 창출할 수 있다"라면서 "이러한 감사의 덕목을 일상화하기 위해서 '감사 진법'을 만들어 회의할 때마다, 일하기 전에 수시로 외우고 복창한다. 또 '마법노트'라는 별도의 회사 어플리케이션을 통해 가족, 상사, 동료, 부하직원, 고객 등 타인들에게 수시로 감사편지를 전한다"라고 소개했다.

8

그 아홉은
어디 있느냐?

    화장실 갈 때와 올 때의 마음이 다르다. 화장실 갈 때는 긴박했으나 올 때는 여유가 생겼기 때문이다. 긴박함과 여유로움의 대비는 성경에 자주 등장한다. 구약성경에 이스라엘 백성들이 절실할 때는 하나님을 섬기고 부르짖다가 여유가 생기면 하나님을 잊어버리고 우상숭배에 빠지는 경우가 그렇다.

    예수님이 사마리아와 갈릴리 사이를 지나가실 때 나병 환자 10명을 만났다. 이들이 예수님이 오신다는 소식을 듣고 멀리서서 큰 소리로 외쳤다. "예수 선생님이여, 우리를 불쌍히 여기소서." 이들의 외침을 들은 예수님은 "가서 제사장들에게 너희 몸을 보이라"고 말씀하셨다. 나병이 나으면 제사장이 인정하고 공포를 해주어야 정상적인 사람이 될 수 있었다. 놀랍게도 그들이 제사장에게 가는 도중에 나병이 깨끗이 나았다.

    그중 한 사람이 자기가 나은 것을 보고 가던 길을 멈추고 돌아와 예수님 발아래 엎드려 진심으로 감사의 인사를 드렸다. 이는 유일한 사마리아 사람이었고, 나머지 9명은 유대 사람이었다. 이때 예수님께서 질문하셨다.

> † 열 사람이 다 깨끗함을 받지 아니하였느냐 그 아홉은 어디 있느냐 이 이방인 외에는 하나님께 영광을 돌리러 돌아온 자가 없느냐(누가복음 17:17-18)

10명이 그토록 간절히 바라던 나병이 깨끗이 나았는데 오직 한 사람, 그것도 사람들에게 천대받던 사마리아 사람만이 감사를 표하는 것을 보고 안타까운 나머지 하신 말씀이다. 예수님은 엎드린 사마리아인에게 "일어나 가라. 네 믿음이 너를 구원하였느니라"고 격려해주셨다. 감사를 표현한 사마리아인은 육체의 질병이 나았을 뿐만 아니라 영혼의 구원까지 얻는 축복을 받았다.

나머지 9명은 기적을 체험하고 기적 자체에 만족한 나머지 기적을 일으킨 사람을 잊어버렸다. "열 사람 모두가 선물을 받았지만 그 선물에 오직 한 사람만이 포장지를 벗겨서 진짜 선물이 무엇인지 확인했다"라고 지적한 『내 생애 마지막 한 달』의 저자 케리 슉의 말이 떠오른다. 진짜 선물은 바로 예수님을 만난 것이다.

감사할 일이 참으로 많은데 인간은 감사를 망각하기 쉽다는 것을 보여준다. 감사를 잊지 않는 방법은 하나님의 은혜를 기억하는 것이다. 말씀을 묵상하고 기도할 때 감사가 지속될 수 있다. 또한 감사도 연습이라는 사실을 명심해야 한다. 감사가 습관이 되어야 한다. 감사가 몸에 배면 감사할 거리가 보인다. 감사에도 훈련이 필요하다.

처음에는 감사가 잘 보이지 않는다. 그러나 계속해서 노력하면 감사가 점점 삶 속으로 파고들어 온다. 매일 기도하고 하나님과 이웃에게 감사하고 이웃에게 사랑을 베풀 때 성숙한 그리스도인이 될 수 있다.

김창송 성원교역 회장은 50년 동안 무역회사를 경영하면서 우리나라의 경제 발전에 기여한 기업인이며, 기독실업인회(CMBC) 중앙회장을 지내기도 했다. 김 회장은 『지금은 때가 아니야』, 『CEO와 수필』 등을 발간한 수필가이기도 하다. 그는 10년 전에 안중근 의사의 후원자였던 독립운동가 최재형 의사를 발견하고 최재형 장학회를 출범시켰다. 최재형 의사는 안중근 의사의 하얼빈 의거를 배후에서 지원했고, 연해주로 이주한 고려인들의 '대부'였던 기업인이다. 최재형 선생은 안중근 의사에 비하면 알려져 있지 않은 독립운동가다.

"최재형 선생은 선대 한국인의 한 사람으로 이 시대 기업인들이 롤 모델로 삼아야 할 만큼 애국정신이 투철한 최고경영자라고 할 수 있어요. 나라를 위해 금전은 물론 목숨까지 바쳤지요. 안중근 의사의 독립운동을 금전적으로 지원하신 최 선생이 일본군에 체포돼 총살당했을 때 연해주 고려인 가정에서는 모두 조기를 달 정도였다고 해요. 그분의 정신을 기리고 고려인 2세 인재 양성을 위해 장학회를 만들게 됐지요."

그리고 장학회를 만든 배경을 설명했다.

"저도 고학생으로 어려움을 겪으며 제때 공부를 못 했었거든요. 최재형 선생은 지독한 가난을 극복하고 기업인이자 독립운동가로 고려인들을 위한 학교를 세웠다고 하는데, 지금 고려인 사회에 필요한 것도 인재육성이란 생각이 들었습니다. 그 어른처럼 할 수는 없겠지만, 미력한 힘이라도 보태고 싶어 장학회를 꾸리게 됐어요."

김 회장은 기업인으로 평생을 살면서 인생의 후반기에 하나님이 주신 은혜에 감사하여 90을 바라보는 고령에도 나눔과 배품을 위해 앞장서고 있다.

9
성경은 드라마처럼
재미있다

　성경은 드라마처럼 재미있다. 드라마의 구성 요소를 갖고 있
는 까닭이다. 드라마는 갈등 요소가 있다. 멜로드라마를 보면
대부분 "부잣집 아들과 가난한 집 딸" 또는 "부잣집 딸과 가난
한 집 아들"이 주연으로 등장한다. 성경의 주제들은 갈등으로
시작해서 해결이 되는 과정이다. 성경의 등장인물은 갈등의 주
인공이 된다. 미국의 크레이그 바르톨로뮤 교수는 『성경은 드
라마다』에서 "성경을 창조, 타락, 구속의 시작, 구속의 성취, 선
교, 구속의 완성" 등 총 6막의 드라마에 비유하여 소개한다.

　하나님은 인간을 로봇처럼 만들지 않고 자유의지를 주셨다.
아담과 하와에게 선악과를 따 먹지 말라고 한 것이 대표적인
예다. 자유의지가 있기 때문에 선악과를 따 먹을 수 있었다. 그
래서 하나님의 뜻에 불순종하여 죄를 지었다. 여기서부터 인간
의 고난이 시작된다. 동시에 하나님이 인간에게 자유의지를 주

셨기 때문에 하나님이 약자가 되었다. 부모가 자녀에게 영원히 약자이듯이. 하나님의 행동은 부모의 입장에서 해석하면 쉽게 이해할 수 있다.

한편, 역설적으로 생각해보자. 만약 아담과 하와가 선악과를 따 먹지 않았다면 어떻게 되었을까. "아담과 하와는 선악과는 보지도 않고 다른 피조물들과 함께 행복하게 살았다." 성경은 천지창조 후 창세기 3장에서 멈추었을지 모른다. 성경은 모범생의 뻔한 이야기가 아니라 반전을 일으키는 까닭에 흥미롭다. 아담과 하와가 선악과를 따 먹음으로써 두려움과 고난의 역사를 만드는 시발점이 되었다. 아담의 후손들은 예수님이 오실 때까지 죄인의 문제를 가지고 시름하며 역사를 만들어갔다.

요셉은 어떠한가. 형들이 요셉을 미워하여 상인들에게 팔지 않았다면 어떻게 되었을까? 노예가 되지 않았다면 애굽의 총리가 될 수 없었고 출애굽도 없었으리라.

모세는 어떤가. 120년을 산 모세의 인생은 3기로 나눌 수 있다. 제1기는 첫 40년 동안 애굽 궁전에서 공주의 아들로서 화려한 왕자의 삶을 살았다. 제2기는 애굽 관리를 죽이고 나서 광야로 피신하여 이드로의 사위가 되어 고난과 연단의 시간을 보냈다. 제3기는 이집트 바로 왕과 정면 대결하여 이스라엘 민족 200만 명을 데리고 광야를 건너는 위대한 지도자의 삶을 살았다. 80세가 넘고 3기에 와서야 하나님의 사람이 되어 민족을 이끌어 갈 수 있었다.

예수님이 오신 것이 얼마나 드라마틱한가. 예수님은 화려한 궁전이 아니라 초라한 마구간에서 탄생하신 것이다. 예수님은 목수 일을 하시다가 30세가 되어서 공생애를 시작하셨다. 예수님이 하신 일이 무엇인가. 제자들을 선발했는데 스펙이 높지 않은 사람들이었다. 학벌이 좋지 않지만 말씀을 사모하고 몸이 튼튼한 어부들을 주로 뽑았다.

예수님은 당대의 권력자와 종교 지도자들을 향해 거침없이 잘못을 지적하셨다. 율법에 얽매어 인생의 자유를 누리지 못하고 사는 사두개인, 바리새인, 서기관들을 준엄하게 꾸짖으셨다. 독사의 자식들이라고 심한 말씀을 하는가 하면 성전에 들어가 장사하는 사람들의 상을 뒤엎는 과격한 행동도 스스럼없이 하셨다. 율법에 함몰되어 있는 형식주의, 사람들에게 보이기 위해 행동하는 권위주의를 준엄하게 비판하셨다.

그런데 바리새인들은 예수님이 가는 곳마다 따라다니면서 고약한 질문을 했다. 바리새인들의 질문이 없었으면 복음서는 어땠을까? 긴장감이 떨어졌을지도 모른다. 바리새인들이 교묘한 질문들을 한 덕에 복음서의 내용이 다양하고 풍성해졌다.

하지만 예수님은 힘없고 연약한 민중들은 긍휼한 마음을 갖고 위로해주셨다. 가난한 자, 병든 자, 힘없는 자, 소외된 자들의 친구가 되셨다. 3년 동안 짧은 공생애를 사시면서 십자가에 달려 돌아가셨다. 사흘 만에 부활하여 죽음의 문제를 정면으로 돌파하셨다.

바울이 없었다면 어찌되었을까? 예수님의 복음을 제대로 정리하고 구약과 연결한 것은 바울의 공로가 크다. 바울이 없었으면 사도행전과 로마서도 없었을 것이다.

고린도 교회에 문제가 많지 않았다면 어떻게 되었을까? 고린도전서와 고린도후서 자체가 탄생하지 않았을 것이다. 또 갈라디아서도 만사가 형통했다면 쓰이지 않았을 것이다.

요한이 없었다면 어찌 되었을까? 요한복음과 요한계시록은 없었을 것이다. 요한이 죽지 않고 90세가 넘도록 오래오래 살아서 주옥같은 서신들이 탄생한 것이다.

성경은 많은 문제가 등장하고 그 문제를 해결하는 과정이다. 문제는 다양하지만 하나님이 일관되게 개입하셔서 결국에는 낙관적으로 끝난다. 성경은 복잡한 삶의 구체적인 이야기들이다. 현실과 동떨어진 이야기가 아니다. 나의 이야기가 다양한 각도에서 성경에 나타나 있다.

미국의 사업가 빌 황 회장은 탤런트 차인표, 이재룡 씨 등 연예인 100여 명이 재능을 기부하여 신약과 구약의 성경 내용을 오디오 형태로 만든 〈드라마 바이블〉을 제작했다. 효과음과 음악을 배경으로 각 연예인들이 내레이션을 하거나 목소리 연기를 하여 생동감 있게 만들었다. 드라마 바이블은 성경을 더 많이 읽게 하자는 취지로 만들어졌다. 드라마 바이블을 오디오로 들으면 정말 드라마처럼 재미있다. 조용히 시간을 보낼 때 드라마 바이블과 함께 성경을 읽으면 성경 말씀에 감사하는 마음이 자연스럽게 스며온다.

10
나의 나 된 것은
하나님의 은혜로다

"정말 대단하십니다. 어떻게 이런 큰일을 하셨어요."

"운이 좋았어요."

사람들과 대화하다 보면 자주 듣는 말이다.

"축하합니다. 대단하십니다."

"하나님의 은혜입니다."

같은 상황인데 다른 표현이다. 사실 운과 은혜는 비슷한 의미로 사용된다. 운은 누군가의 도움이 있었지만, 그 원천을 모른다. 그러나 은혜는 도움을 준 주체를 분명하게 알고 있다.

"기독교와 다른 종교의 차이점은 무엇인가요?"

"은혜입니다."

은혜는 기독교의 특징을 가장 잘 나타내는 말이다. 은혜는 하나님이 값없이 베푸신 선물이다. 어떤 행위나 공로가 없이 하나님께 공짜로 받는 것이다.

은혜를 모르면 세상을 자신의 공로로만 살아가겠다는 뜻이다. 자신의 힘만으로 사는 세상은 얼마나 힘이 들까. 사도 바울은 13개의 서신서에서 "하나님 우리 아버지와 주 예수 그리스도로부터 은혜와 평강이 있기를 원하노라"는 인사말로 시작한다. 그만큼 하나님의 은혜가 중요하다. 바울은 은혜 없이는 서신서를 설명할 수도 없었다. 그래서 모든 것이 하나님의 은혜라고 고백한다.

> † 내가 나 된 것은 하나님의 은혜로 된 것이니, 내게 주신 그의 은혜가 헛되지 아니하여, 내가 모든 사도보다 더 많이 수고하였으나, 내가 한 것이 아니요. 오직 나와 함께 하신 하나님의 은혜로라(고린도전서 15:10)

심지어 바울은 하나님께 육체의 가시가 있어 제거해달라고 3번 간구하였으나 응답을 받지 못했다. 대신 하나님은 "내 은혜가 네게 족하도다. 이는 내 능력이 약한 데서 온전하여짐이라"고 말씀하셨다. 바울은 자신이 약할 때 하나님의 은혜로 강해진다는 것을 깨닫고 크게 기뻐하며 "나의 여러 약한 것들에 대하여 자랑하리니 이는 그리스도의 능력이 내게 머물게 하려 함이라"고 선언한다. 바울은 하나님께 받은 은혜가 차고 넘쳐서 너무 자만하지 않게 하시려고 육체의 가시를 주셨다고 생각했다. 응답받지 못한 기도 역시 하나님의 축복으로 받아들인 것이다.

나는 성경의 신비를 깨닫게 해주신 하나님의 은혜에 감사드린다. 성경은 하늘의 세계와 땅의 세계가 동시에 나타난다. 성경은 읽으면 읽을수록 재미있고 신비하다. 어떻게 구약성경과 신약성경이 일관되게 흐를 수 있는지 신기할 따름이다. 성경은 '하나님은 누구인가, 예수님은 누구인가, 성령은 누구인가'를 알려준다. 하나님과 예수님과 성령을 통해 하늘의 신비와 놀라운 계시를 느끼게 된다. 또한 '인간은 누구인가.' 다양한 성경의 주인공들을 통해 인생을 종합적으로 볼 수 있다. 정년퇴직한 교수가 한 말이 인상에 남는다.

"성경을 믿는 사람들이 부러워요. 나는 아무리 믿으려고 노력해도 믿어지지가 않아요. 나이 들어서 믿으려고 하니 내 자아에 너무 많은 것들이 들어차 있어 믿어지지가 않네요."

어떤 사람은 쉽게 예수를 믿는가 하면, 어떤 사람은 아무리 믿으려고 해도 믿음이 생기지 않아 힘들어하는 모습을 보게 된다. 그렇다. 예수 그리스도를 통해 하늘의 신비와 땅의 세계를 알 수 있음이 하나님의 은혜라는 사실을 깨닫는다.

나는 10여 년 전에 『감자탕 교회 이야기』를 발간해서 많은 사랑을 받았다. 책이 나오고 나서 기독교계의 많은 지도자를 만나는 축복을 누렸다.

또한 나는 서울홀리클럽 부회장과 선교단체 국제개발연대(GO) 이사로 추천되어 많은 신앙의 선배를 만나 배우는 기회를 가졌다. 여러 교회나 기독실업인회(CBMC)에 초청되어 강의를 할 때 훌륭한 기독교인들을 많이 만날 수 있어서 그 기쁨은 이루 말할 수 없었다.

하나님께서 글을 쓰도록 훈련을 시켜주셔서 지금까지 많은 책을 쓸 수 있었고, 연구원과 기업과 학교를 비롯하여 다양한 직장에서 경험을 쌓게 해주셨다. 하나님 앞에서 믿음이 부족하고 부끄러운 점이 많지만 오늘 여기까지 올 수 있었던 것은 '전적으로 하나님의 은혜'라고 고백하지 않을 수 없다. "하늘을 두루마리 삼고 바다를 먹물 삼아도 한없는 하나님의 사랑 다 기록할 수 없겠네"라는 찬송가 가사처럼 하나님의 끝없는 사랑과 은혜에 그저 감사할 따름이다.

"하나님 감사합니다! 모든 것이 하나님의 은혜입니다!"

길잡이 7

논어와 성경은 어떻게 다를까

공자는 동양을 대표하는 성인이다. BC 551년에 중국 산동성 곡부에서 태어나 유교(儒敎)의 시조가 되었다.『논어』는 공자의 제자들이 공자의 말씀, 제자들과 나눈 대화를 기록한 책이다. 논어는 동양 최고의 고전으로 유교의 기본이 되는 경전이다. 유교는 학문인가, 종교인가? 유교는 제사를 중시하고 기독교를 탄압했다는 이유로 종교로 생각하는 경향이 있다. 나는『행복한 논어 읽기』에서 '유교의 종교성'에 대하여 소개한 바 있다.

공자는 죽음 이후의 세계에 대해 언급하지 않았다. 특히 귀신에 대해서는 신중한 입장을 취했다. 제자 자로가 귀신을 섬기는 것에 대해 묻자 "사람도 제대로 섬기지 못하는데 어찌 귀신을 섬길 수 있겠는가?"라고 대답했다. 다시 죽음에 대해 물었을 때 "살아 있는 것도 잘 알지 못하는데 어찌 죽음을 알 수 있겠는가?"라고 답했을 정도다.

공자의 75대 직계자손인 공건(孔健) 선생은 그의 저서 『일본 속의 신논어학』에서 "유교는 종교가 아니다. 끊임없이 공자를 교주화하려는 시도가 있었지만 유교는 학문 체계다. 따라서 공자는 위대한 사상가이며 교육자였다"고 말한다. 그렇지만 공자는 신의 존재에 대해서는 믿었다.

획죄어천(獲罪於天) 무소도야(無所禱也): 하늘에 죄를 지으면 기도할 곳이 없다.

공자는 하늘에 죄를 짓지 말라고 강력한 메시지를 보낸다. 하늘은 인간의 모든 행위와 죄를 꿰뚫어보고 있으므로 하늘은 경외와 두려움의 대상이다. 하늘은 양심의 소리를 전해준다. 일시적으로 사람의 눈을 피할 수는 있지만, 절대자인 하늘의 눈을 피할 수는 없다. 공자는 하늘의 뜻에 순종하는 순리의 삶을 말한다.

하늘의 공명정대함을 믿으면서 이 땅에 어질 인(仁)을 실천하고 도덕 정치의 실현을 위해 평생을 노력했다. 이 과정에서 의로운 길이라면 하늘이 함께하지만 의롭지 않다면 하늘이 함께하지 않을 것이라고 생각했다. 그래서 '죄를 지으면 기도할 곳이 없다'고 강조했다. 이 하늘 사상은 맹자에게 이어져 "하늘의 뜻을 따르는 자는 생존하고, 하늘의 뜻을 거스른 자는 멸망한다"로 발전한다.

공자는 현실 참여적 이상주의자다. 정도를 걸으며 현실에 발을 붙이고 고뇌하며 문제를 해결하려는 현실 참여 속에서 도덕 정치의 이상을 실현하고자 했다. 공자는 자기 수양과 학문 연구를 통해 인간으로서 최고봉에 오른 위인이다. 공자는 동양사상과 철학의 근간을 제시하여 동양의 정신세계를 지탱해왔다.

그러면 『논어』와 『성경』은 어떤 차이점이 있을까. 우선 두 책은 문법이 다르다. 논어는 인간이 주어고, 성경은 하나님이 주어다. 논어는 인간의 시각으로 기술되었기 때문에 사람들에게 거부감이 거의 없다. 그러나 성경은 하나님이 주어이기 때문에 감동하는 사람이 있는가 하면 거부감을 나타내는 사람도 있다. 문법이 달라 뜻이 서로 통하지 않기 때문이다.

논어는 인과응보의 법칙이 지배한다. 반면에 성경은 인과응보의 법칙을 넘어 은혜의 법칙이 흐른다. 논어는 심은 대로 거두는 인과응보의 법칙이 적용된다. 논어에는 열심히 공부하는 데서 기쁨을 얻고, 대인관계를 잘하고, 남이 알아주지 않을 때 화를 내지 말고 더욱 열심히 덕을 닦으라는 내용이 많이 나온다. 이를 통해 인격이 수양되고 스스로 강해지는 도덕군자가 될 수 있다는 것이다.

성경은 인과응보의 법칙이 한 주류를 이루고 동시에 은혜의 법칙이 있다. 은혜의 법칙은 논어에서는 찾아보기 힘들다. 은혜의 법칙은 하나님의 전적인 은혜에 의해서 구원을 받고 인도를 받는 까닭이다.

한국의 기독교가 세계에 유례없는 부흥을 이룩한 배경에 유교의 학습을 중시하는 자세도 큰 영향을 주었다. 한국 교회에는 세계에서 찾아보기 힘든 새벽예배가 있고, 성도들이 열심히 공부하고, 교회활동에 참여하는 이유는 유교의 학습하는 전통과 맥을 같이 하고 있다.『하나님 나라 신학으로 읽는 모세오경』의 저자 숭실대 김회권 교수는 "기독교가 한국에 들어오기 전에 불교와 유교가 지배하고 있었다는 것은 정말 감사할 일이다. 고급종교가 있었기 때문에 한국에서 종교전쟁이 일어나지 않고 한국의 기독교가 부흥할 수 있었다"라고 평가했다.

논어는 인간적으로 최고봉의 학문을 이루고 있다. 하지만 삶이 정말 힘들고 어려울 때, 불치의 병에 걸렸거나 절망 속에 있을 때 논어의 구절은 유한한 인간의 힘에 의존해야 하므로 한계가 있다.

반면에 성경은 전지전능하신 하나님께 기도하고 부르짖으면 절망 속에서도 소망을 가질 수 있다. 두려움과 근심 걱정 속에서 허덕일 때도 하나님은 "두려워하지 말라. 내가 너와 함께 하느니라"고 하시면서 위로와 격려를 보내주신다. 주위에서 불치병에 걸려서도 하나님을 믿고 의지하여 병이 낫는 기적을 목격하기도 한다. 특히 죽음 앞에서 두려워하지 않고 부활을 믿고 천국을 기다리는 평안한 모습을 볼 수 있다. 성경의 기적과 천국의 비밀 등이 역동적인 내용을 더해주는 까닭이다.

인과응보의 법칙과 은혜의 법칙

"BC와 AC가 무슨 뜻인지 아세요?"

"코로나 이전(Before Corona)과 코로나 이후(After Corona)의 의미입니다."

코로나가 가져온 충격의 강도를 느끼게 하는 말이다. 2020년 전 세계가 코로나 바이러스 공포에 휩싸였다. 어느 날부터 사람을 만나는 게 두려워졌다. 붐비던 거리는 텅 비고, 학교는 문을 닫고, 교회 역시 온라인 예배를 드렸다. 코로나는 구약성경의 바벨탑을 연상시켰다. 인간이 뽐내던 의료 수준이 얼마나 초라한지 여실히 드러났고, 미국과 유럽이 자랑하던 선진국의 바벨탑은 하루아침에 무너졌다. 세계를 휩쓴 코로나는 하나님의 존재를 돌아보게 했다.

"어떻게 성경에 대한 책을 쓸 생각을 했어요?"

평신도가 성경에 관한 책을 쓴다는 것은 도전이었다. 그 점이 신앙이 깊은 분들이 염려해주신 부분이었다. 그리고 또 많은 분이 "성경은 평생을 읽어도 새로워요. 다 이해할 수 없기도 하고요. 그래도 성경을 한 권으로 쉽게 정리해보겠다고 시도한 것 자체가 대단하네요"라며 격려해주었다. 나는 아직 믿음이 부족하지만, 성경을 읽으면 정말 재미있고 행복하다. 그 기쁨과 감동을 내 수준에서 전하고 싶은 마음 하나로 용기를 냈다. 또 나는 신학을 전공한 사람은 아니지만, 40년 동안 교회에 다닌 평신도 입장에서 '성경 읽기 안내서'를 쓴다는 소박한 마음으로 준비했다.

나는 글을 쓰기 전에 먼저 '두려워하지 말라'는 성경 말씀에 "예"라고 답하고 시작했다. 매일 성경을 읽고 묵상하고 기도하며 글을 썼다. 그러던 어느 날, 한국 기독교의 거목이신 한경직 목사님의 저서 『나의 감사』를 읽었다. 한 목사님은 아침에 일어나서, 그리고 잠자리에 들 때 "항상 기뻐하라. 쉬지 말고 기도하라. 범사에 감사하라"는 성경 구절을 늘 묵상하고 외운다고 하셨다. 그리고 그 이유를 설명하셨다.

"하나님께서 우리를 예수 그리스도 안에서 불러 주신 것은 우리로 하여금 항상 기뻐하고, 쉬지 말고 기도하고, 범사에 감사하는 생활을 하게 하기 위해서다. 그러니 항상 기뻐하는 생활, 쉬지 않고 기도하는 생활, 범사에 감사하는 생활은 하나님의 뜻대로 사는 것이요. 하나님께서 매우 기뻐하시는 삶이다."

이 글을 읽고 어린 아이처럼 기쁜 마음이 들었다. 내가 책을 쓰기 위해 선택한 주제들이 다 포함되어 있는 까닭이었다. 그래서 더욱 열심히 원고를 썼다. 하지만 원고가 끝나갈 무렵 두려움이 안개처럼 슬며시 나를 에워쌌다. 성경을 담기에 나는 너무 부족한 사람이 아닌가 하는 생각이 들었다. 그때, 『성 어거스틴의 고백록』의 저자 어거스틴이 『삼위일체론』을 저술할 때 어린 아이와 나눈 에피소드가 떠올랐다. 영국의 알리스터 맥그래스 교수가 『하나님은 누구인가』에서 소개한 내용이다.

  어거스틴이 잠시 휴식을 위해 근처 해변으로 산책을 갔을 때 일이다. 그는 바닷물을 통에 가득 채워서 해변에 파놓은 웅덩이에 갖다 붓기를 계속하는 소년을 만났다.
  "왜 그렇게 하니?"
  한참을 바라보던 어거스틴이 묻자 소년은 지중해를 바라보면서 대답했다.
  "저 바다를 다 비워서 이 모레 구멍에 담을 거예요."
  "그렇게 할 수는 없지! 바다를 네가 판 그 자그마한 구멍에 채울 수는 없어."
  어거스틴이 웃으면서 말했다. 그러자 소년이 대답했다.
  "당신은 하나님에 대한 책을 쓰는 데 시간을 낭비하고 있어요. 하나님은 결코 한 권의 책에 끼워 맞출 수가 없어요."

소년의 지적처럼 처음의 마음과는 달리 미흡한 부분이 많다는 것을 고백하지 않을 수 없다. 다만 나는 믿음이 약해 행위에 있어서는 부족한 점이 많지만, 성경을 읽고 느낀 기쁨과 감동이 더 컸기에 책을 쓸 용기를 낼 수 있었다. 냉혹한 삶의 현장에서 성경이 얼마나 큰 힘이 되는지 보여주고 싶었다. 그리고 주위의 많은 분의 기도와 격려 덕분에 포기하지 않고 마무리할 수 있었다.

대부분의 종교는 행위의 결과에 따라 주어지는 인과응보의 법칙을 믿는다. 그러나 기독교는 인과응보의 법칙과 은혜의 법칙이 함께 존재한다. 교회에 다니지 않아도 "성경에 좋은 말이 많잖아요"라며 성경을 교양 차원에서 읽는 사람도 있다. 심은 대로 거두는 인과응보의 법칙이 있기 때문에 그렇다.

성경에는 인과응보의 법칙을 넘어 또 하나의 법칙인 '은혜의 법칙'이 있다. 은혜는 인간의 노력이나 대가 없이 하나님이 일방적으로 값없이 주시는 것이다. 하나님은 인간이 죄와 사망의 고통에서 벗어날 수 있도록 구원과 영생을 선물로 주셨다. 예수님은 "진리를 알지니 진리가 너희를 자유롭게 하리라"고 하시면서 하나님의 은혜를 통해 자유를 누리라고 말씀하셨다. 은혜의 법칙은 기독교의 독특한 특성이다. 은혜의 법칙은 하나님의 전능하심을 믿을 때 가능하다.

물론 은혜의 법칙은 이성, 지식과 충돌할 수도 있다. 하지만 은혜의 법칙을 이해하면 행복한 세상이 펼쳐진다. 성경은 인과응보의 법칙과 은혜의 법칙이 있어 공평하신 하나님과 인자하신 하나님을 실감나게 해준다.

인과응보의 법칙은 삶 속에서 열심히 노력하게 하는 원동력이 되지만, 두려움과 불안이 꿈틀거리는 것을 막을 수 없다. 은혜의 법칙이 함께 할 때 비로소 진정한 평안이 찾아온다. "수고하고 무거운 짐 진 자들아, 다 내게로 오라. 내가 너희를 쉬게 하리라." 하나님이 세상 끝 날까지 우리와 함께 하시기 때문이다.

『행복한 논어 읽기』와 『행복한 로마 읽기』 책이 나오고 나서 많은 분이 다음에는 무슨 책을 쓸 거냐고 물을 때 『행복한 성경 읽기』라고 대답하면 무척 놀라는 반응을 보였다. 그러면 나는 웃으며 "논어와 로마 역사 그리고 성경, 세 책을 읽으면 사람이 보이고, 역사가 보이고, 하나님이 보입니다. 교양 차원에서도 읽어보세요. 세상이 달라집니다"라고 말했다.

이 책이 교회에 다니는 사람들에게는 성경을 행복하게 읽는 기쁨을 알려주고, 교회에 다니지 않는 사람들에게는 기독교의 본질을 소개하는 안내서가 되기를 소망한다.

A.W. 토저, 『기도』, 유정희 옮김, 규장, 2019

가스펠서브, 『라이프 성경사전』, 생명의말씀사, 2006

강국창, 『흙수저도 금수저가 될 수 있다』, 스타리치북스, 2019

공건, 『일본 속의 신논어학』, 윤호준 옮김, 백암, 2008

공병호, 『공병호가 만난 예수님』, 21세기북스, 2014

김세윤, 『복음이란 무엇인가』, 두란노, 2011

김세윤, 『요한복음 강해』, 두란노, 2011

김승남, 『고맙습니다』, 한경BP, 2007

김은호, 『기도의 현장에서 승리하라』, 꿈이있는미래, 2018

김창송, 『CEO와 수필』, 선우미디어, 2015

김창송, 『지금은 때가 아니야』, 선우미디어, 2000

김창영, 『(개역개정)한영스터디성경』, 생명의말씀사, 2011

김하중, 『하나님의 대사』, 규장, 2010

김형석, 『백년을 살아보니』, 덴스토리, 2016

김홍만, 『하이델베르크 요리문답』, 생명의 말씀사, 2013

김회권, 『하나님 나라 신학으로 읽는 모세오경』, 복있는사람, 2017

르네 지라르, 『지라르와 성서 읽기』, 이영훈 옮김, 대장간, 2017

마틴 로이드 존스, 『너희 하나님을 보라』, 복있는사람, 2009

매슈 아널드, 『교양과 무질서』, 윤지관 옮김, 한길사, 2016

박점식, 『어머니』, 올림, 2014

베니 힌, 『안녕하세요 성령님』, 열린책들, 2006

브루스 윌킨슨, 『야베스의 기도』, 마영례 옮김, 디모데, 2001

브루스 윌킨슨, 『한눈에 보는 성경』, 곽철호 옮김, 디모데, 1999

송병현, 『여호수아』, 도서출판EM, 2018

송재식, 『걸어다니는 진흙 덩어리』, 키아츠, 2018

송태근, 『모든 끝은 시작이다』, 국제제자훈련원, 2013

스티븐 코비, 『소중한 것을 먼저 하라』, 김경섭 옮김, 김영사, 2002

신국원, 『지금 우리는 여기서 무엇을 꿈꾸고 있는가』, 복있는사람, 2014

알랭 드 보통, 『불안』, 정영목 옮김, 은행나무, 2011

알리스터 맥그래스, 『하나님은 누구인가』, 양혜원 옮김, 성서유니온선교회, 2014

앨버트 몰러, 『오늘 나에게 왜 사도신경인가?』, 조계광 옮김, 생명의말씀사, 2019

양병무, 『감자탕 교회 이야기』, 김영사, 2003

양병무, 『이경숙의 섬김리더십』, 21세기북스, 2008

양병무, 『주식회사 장성군』, 21세기북스, 2005

양병무, 『행복한 논어 읽기』, 21세기북스, 2009

양병무, 『행복한 로마 읽기』, 21세기북스, 2016

양용의, 『마태복음 어떻게 읽을 것인가』, 성서유니온선교회, 2018

어거스틴, 『성 어거스틴의 고백록』, 선한용 옮김, 대한기독교서회, 2019

유기성, 『나는 죽고 예수로 사는 복음』, 규장, 2016

유기성, 『한 시간 기도』, 규장, 2019

유지미, 『100감사로 행복해진 지미 이야기』, 감사나눔신문, 2012

이동원, 『복음으로 세상을 변혁한 열두 사도 이야기』, 두란노, 2020

이병구, 『경영은 관계다』, 세종서적, 2015

이병구, 『석세스 애티튜드』, 한국경제신문i, 2018

이어령, 『의문은 지성을 낳고 믿음은 영성을 낳는다』, 열림원, 2017

이어령, 『지성에서 영성으로』, 열림원, 2017

이찬수, 『죽으면 죽으리이다』, 규장, 2015

이희봉, 『하나님과 함께 일하는 사람』, 기독교문서선교회, 2018

정호승, 『내 인생에 힘이 되어준 한마디』, 비채, 2006

정훈택, 『쉬운 주석 마태복음』, 그리심(한국로고스연구원), 2007

조병호, 『성경과 5대 제국』, 국제성경통독원, 2011

조정민, 『왜 예수인가』, 두란노, 2014

조현삼, 『관계 행복』, 생명의말씀사, 2011

조현삼, 『말의 힘』, 생명의말씀사, 2009

조현삼, 『복 · 일 · 밥 · 쉼』, 생명의말씀사, 2014

존 놀랜드, 『누가복음』, 김경진 옮김, 솔로몬, 2005

존 맥아더, 『하나님 나라의 비유』, 생명의말씀사, 2015

존 스토트, 『내가 사랑한 시편』, 김성웅 옮김, 포이에마, 2012

존 파이퍼, 『하나님을 기뻐하라』, 박대영 옮김, 생명의말씀사, 2020

최인철, 『프레임』, 21세기북스, 2016

케리 슉, 『내 생애 마지막 한 달』, 김성웅 옮김, 포이에마, 2008

케빈 드영, 『십계명』, 생명의말씀사, 2019

크레이그 바르톨로뮤, 마이클 고힌, 『성경은 드라마다』, 김명희 옮김, IVP, 2009

팀 켈러, 『팀 켈러, 고통에 답하다』, 최종훈 옮김, 두란노, 2018

팀 켈러, 『팀 켈러의 기도』, 최종훈 옮김, 두란노, 2015

팀 켈러, 『팀 켈러의 탕부 하나님』, 윤종석 옮김, 두란노, 2016

폴 스티븐스, 『내 이름은 야곱입니다』, 최동수 옮김, 죠이선교회, 2014

하형록, 『P31(성경대로 비즈니스하기)』, 두란노, 2015

한경직, 『나의 감사』, 두란노, 2010

한병수, 『새롭게 읽는 주기도문』, 영음사, 2019

한홍, 『세상 중심에 서다』, 두란노, 2007

함성국, 『시편 해석』, 대한기독교서회, 2005

KI신서 9284

행복한 성경 읽기

1판 1쇄 인쇄 2020년 8월 3일
1판 1쇄 발행 2020년 8월 10일

지은이 양병무
펴낸이 김영곤
펴낸곳 (주)북이십일 21세기북스

정보개발본부장 최연순
책임편집 신채윤
디자인 윤영미
마케팅팀 강인경 박화인 한경화
영업본부 이사 안형태 영업본부 본부장 한충희
출판영업팀 김수현 오서영 최명열
제작팀 이영민 권경민

출판등록 2000년 5월 6일 제406-2003-061호
주소 (10881) 경기도 파주시 회동길 201 (문발동)
대표전화 031-955-2100 팩스 031-955-2151 이메일 book21@book21.co.kr

(주)북이십일 경계를 허무는 콘텐츠 리더

21세기북스 채널에서 도서 정보와 다양한 영상자료, 이벤트를 만나세요!
페이스북 facebook.com/21cbooks 포스트 post.naver.com/21c_editors
인스타그램 instagram.com/jiinpill21 홈페이지 www.book21.com
유튜브 youtube.com/book21pub

서울대 가지 않아도 들을 수 있는 명강의! 〈서가명강〉
유튜브, 네이버, 팟빵, 팟캐스트에서 '서가명강'을 검색해보세요!

ⓒ 양병무, 2020
ISBN 978-89-509-8969-9 03230